站在巨人肩上

从牛顿谈经典力学

刘枫　主编

黄河出版传媒集团
阳　光　出　版　社

图书在版编目（CIP）数据

从牛顿谈经典力学 / 刘枫主编 .－－ 银川：阳光
出版社，2016.7（2022.05重印）
（站在巨人肩上）
ISBN 978-7-5525-2798-8

Ⅰ.①从… Ⅱ.①刘… Ⅲ.①牛顿，I.（1642-
1727）－生平事迹－青少年读物②牛顿力学－青少年读
物 Ⅳ.① K835.616.11-49 ② 03-49

中国版本图书馆 CIP 数据核字 (2016) 第 181470 号

站在巨人肩上　从牛顿谈经典力学　　　　　　刘枫　主编

责任编辑　陈建琼
封面设计　瑞知堂文化
责任印制　岳建宁

黄河出版传媒集团
阳光出版社　出版发行

地　　　址	宁夏银川市北京东路139号出版大厦（750001）
网　　　址	http://www.ygchbs.com
网上书店	http://shop129132959.taobao.com
电子信箱	yangguangchubanshe@163.com
邮购电话	0951-5047283
经　　　销	全国新华书店
印刷装订	天津兴湘印务有限公司
印刷委托书号	（宁）0020172

开　　本	710 mm×1000 mm　1/16
印　　张	9.25
字　　数	148千字
版　　次	2016年7月第1版
印　　次	2022年5月第2次印刷
书　　号	ISBN 978-7-5525-2798-8
定　　价	35.80元

前　言

　　哲人培根说过:"读史使人睿智。"是的,历史蕴含着经验与真知。

　　科学的发展是一个漫长的过程,一代又一代的科学家曾为之不懈努力,这里面不仅有着艰辛的探索、曲折的经历和动人的故事,还有成功与失败、欢乐与悲伤,甚至还饱含着血和泪。其中蕴含的人文精神,堪称人类科技文明发展过程中最宝贵的财富。

　　本系列丛书共30本,每本以学科发展状况为主脉,穿插为此学科发展做出重大贡献的一些杰出科学家的动人事迹,旨在从文化角度阐述科学,突出其中的科学内核和人文理念,提升读者的科学素养。

　　为了使本系列丛书有一定的收藏性和视觉效果,书中还汇集了大量的珍贵图片,使昔日世界的重要场景尽呈读者眼前,向广大读者敬献一套图文并茂的科普读本。

　　由于编者水平有限,加之时间仓促,疏误之处在所难免,敬请广大读者批评指正。

编者

目　录

牛顿的自我介绍/1

　　●自我介绍/3

　　●跟我来/9

古希腊最博学的人/25

　　●亚里士多德其人/27

　　●亚里士多德与物理学/33

　　●跟我来/45

日心说创立者/47

　　●阿基米德及其贡献/49

　　●托勒密与地球中心说/51

　　●哥白尼与"日心说"/58

　　●开普勒的贡献/68

　　●跟我来/73

近代科学之父/79

● 伽利略对力学的研究/81

● 培根和笛卡儿的理论/91

● 跟我来/101

研究钟摆的科学家/105

● 惠更斯其人/107

● 惠更斯及碰撞研究/112

● 跟我来/116

经典力学的最终创立/119

● 万有引力定律的发现/121

● 经典力学理论基础/126

● 经典力学体系建立/130

● 跟我来/136

牛顿的自我介绍

名句箴言

少而好学，如日出之阳；

壮而好学，如日中之光；

老而好学，如炳烛之明。

——刘向

自我介绍

我是牛顿，1642 年 12 月 25 日出生在英格兰林肯郡小镇沃尔索浦。我是一个早产儿，出生时只有三磅重，接生婆和我的亲人都担心我能否活下来。（可谁也没有料到这个看起来微不足道的"小东西"会成为一位震古烁今的科学巨人，并且竟活到了 85 岁的高龄。——编者注）

我出生前三个月父亲便去世了。在我两岁时,母亲改嫁给一个牧师,并把我留在外祖母身边抚养。11岁时,母亲的后夫去世,母亲带着和后夫所生的一子二女回到我和祖母的身边。

我自幼沉默寡言,性格倔强。大约从5岁开始,我就被送到公立学校读书。我并不是神童,资质平常,成绩一般,但我喜欢读书,喜欢看一些介绍各种简单机械模型制作方法的读物,并从中受到启发,自己动手制作些奇奇怪怪的小玩意,如风车、木钟、折叠式提灯等等。

在我很小时就把风车的机械原理摸透,自己制造了一架磨坊的模型,我将老鼠绑在一架有轮子的踏车上,然后在轮子的前面放上一粒玉米,刚好那地方是老鼠可望不可即的位置。老鼠想吃玉米,就不断的跑动,于是轮子不停地转动;又一次我放风筝时,在绳子上悬挂着小灯,夜间村人看去惊疑是彗星出现;我还制造了一个小水钟,每天早晨,小水钟会自动滴水到我的脸上,催我起床。我还喜欢绘画、雕刻,尤其喜欢刻日晷,家里墙角、窗台上到处安放着我刻画得日晷,用以验看日影的移动。

我12岁时进了离家不远的格兰山姆中学。随着年岁的增大,我越发爱好读书,喜欢沉思,做科学小实验。我在格兰山姆中学读书时,曾经寄宿在一位药剂师家里,使我受到了化学实验的熏陶。

牛顿的自我介绍

我在中学时代学习成绩并不出众，只是爱好读书，对自然现象有好奇心，例如颜色、日影四季的移动，尤其是几何学、哥白尼的日心说等等。我还分门别类的记读书笔记，又喜欢别出心裁的做些小工具、小技巧、小发明、小试验。

当时英国社会渗透基督教新思想，我家里有两位都以神父为职业的亲戚，这也是影响我晚年的宗教生活的起源。

后来迫于生活，母亲让我停学在家务农，赡养家庭。但我一有机会便埋首书卷，以至于经常忘了干活。每次，母亲叫我同佣人一道上市场，熟悉做交易的生意经时，我便恳求佣人一个人上街，自己则躲在树丛后看书。有一次，我的舅父起了疑心，就跟踪我上市镇去，发现他的外甥伸着腿，躺在草地上，正在聚精会神地钻研一个数学问题。我的好学精神感动了舅父，于是舅父劝服了母亲让我复学，并鼓励我上大学读书。我又重新回到了学校，如饥似渴地汲取着书本上的营养。

1661年，19岁的我以减费生的身份进入剑桥大学三一学院，靠为学院做杂务的收入支付学费，1664年成为奖学金获得者，1665年获学士学位。

17世纪中叶，剑桥大学的教育制度还渗透着浓厚的中世纪经院哲学的气味，当我进入剑桥时，那里还在传授一些经院式课程，如逻辑、古文、语法、古代史、神学等等。两年后三一学院出现了新气象，卢卡斯创设了一个独辟蹊径的讲座,规定讲授自然科学知识,如地理、物理、天文和数学课程。

讲座的第一任教授伊萨克·巴罗是个博学的科学家。这位学者独具慧眼,看出了我具有深邃的观察力、敏锐的理解力。于是将自己的数学知识,包括计算曲线图形面积的方法,全部传授给我,并把我引向了近代自然科学的研究领域。

在这段学习过程中,我掌握了算术、三角学,读了开普勒的《光学》,笛卡儿的《几何学》和《哲学原理》,伽利略的《两大世界体系的对话》,胡克的《显微图集》,还有皇家学会的历史和早期的哲学学报等。

我在巴罗门下的这段时间,是我学习的关键时期。巴罗比我大 12 岁,精于数学和光学,他对我的才华极为赞赏,认为我的数学才能超过他。而我认为巴罗博士当时讲授关于运动学的课程,也许正是这些课程促使我去研究这方面的问题。

巴罗

当时,我在数学上很大程度是依靠自学。我学习了欧几里得的《几何原本》、笛卡儿的《几何学》、沃利斯的《无穷算术》、巴罗的《数学讲义》及韦达等许多数学家的著作。其中,对我具有决定性影响的要数笛卡儿的《几何学》和沃利斯的《无穷算术》,它们将我迅速引导到当时数学最前沿——解析几何与微积分。1664 年,我被选为巴罗的助手,第二年,剑桥大学评议会通过了授予我大学学士学位的决定。

1665～1666 年严重的鼠疫席卷了伦敦,剑桥离伦敦不远,为恐波及,学校因此而停课,我于 1665 年 6 月离校返乡。

由于我在剑桥受到数学和自然科学的熏陶和培养,对探索自然现象产生浓厚的兴趣,家乡安静的环境又使得我的思想展翅飞翔。1665～1666 年这段短暂的时光成为我科学生涯中的黄金岁月,我在自然科学领域内思潮奔腾,才华迸发,思考前人从未思考过的问题,踏进了前人没有涉及的领域,创建了前所未有的惊人业绩。

1665 年初,我创立级数近似法,以及把任意幂的二项式化为一个级数的规则;同年 11 月,创立正流数法(微分);次年 1 月,用三棱镜研究颜色理论;次年 5 月,开始研究反流数法(积分)。这一年内,我开始想到研究重力问题,并想把重力理论推广到月球的运动轨道上去。我还从开普勒定律中推导出使行星保持在它们的轨道上的力必定与它们到旋转中心的距离平方成反比。我见苹果落地而悟出地球引力的传说。

总之,在家乡居住的两年中,我比此后任何时候更为旺盛的精力从事科学创造,并关心自然哲学问题。我的三大成就:微积分、万有引力、光学分析的思想都是在这时孕育成形的。可以说此时的我已经开始着手描绘自己一生大多数科学创造的蓝图。

1667年复活节后不久,我返回到剑桥大学,10月1日被选为三一学院的仲院侣(初级院委),翌年3月16日获得硕士学位,同时成为正院侣(高级院委)。1669年10月27日,巴罗为了提携我而辞去了教授之职,26岁的我晋升为数学教授,并担任卢卡斯讲座的教授。巴罗为我的科学生涯打通了道路,如果没有我的舅父和巴罗的帮助,我可能就不会驰骋在科学的大道上。巴罗让贤在科学史上一直被传为佳话。

Follow Me!

跟我来！

牛顿，伟大的英国物理学家，1642 年 12 月 25 日生于林肯郡的一个农民家庭。12 岁他在格兰山姆的公立学校读书时，就表现了对实验和机械发明的兴趣，自己动手制作了水钟、风磨和日晷等。1661 年，牛顿就读于剑桥大学的三一学院，成了一名优秀学生。1669 年，年仅 27 岁，就担任了剑桥的数学教授。1672 年当选为英国皇家学会会员。1685～1687 年，在天文学家哈雷的鼓励和赞助下，牛顿发表了著名的《自然哲学之数学原理》，完成了具有历史意义的发现——运动定律和万有引力定律，对近代自然科学的发展，做出了重大贡献。1703 年，当选为英国皇家学会会长。1727 年 3 月 27 日，逝世于伦敦郊

酷爱思考和学习的牛顿

外的一个小村落里。享年 85 岁。死后葬于威斯敏斯特教堂。

牛顿的一生大部分时间从事科学实践、教学和理论

的研究。从 1672 年他发表第一篇论文起,一生写出了多部极其著名的著作,如 1686 年写成、1687 年出版的《自然哲学之数学原理》,1704 年出版的《光学》等,在科学史上都具有重要价值。他在热学、光学、天文学、数学、力学等多方面创造了惊人的奇迹。

在热学研究方面,牛顿确立了冷却定律。他指出:当物体表面与周围存在温度差时,单位时间内从单位面积上散失的热量与这一温度差成正比。

牛顿重复了用三棱镜分解白光为七色光带的实验

牛顿对光学的研究也取得了巨大成果。牛顿 1666 年利用三棱镜进行了著名的色散实验,发现白光可以分解为多种颜色的光谱带。同时他还做出了多色光合成白光的实验。牛顿对各色光的折射率进行了精确分析，说明了色散现象的本质。他指出，由于物质对不同颜色光的折射率和反射率不同，才造成了物体颜色的差别，从而揭开了颜色之谜。对于光的本性，牛顿提出了光的"微粒说"。他的观点一定程度上反映了光的本质。他认为，光是由微粒形成，并且走的是快速的直线运动路径。应用光的微粒说可以很好地解释光的反射和折射现象，但对于衍射现象却无能为力。微粒说是关于光的本性的重要理论之一，他同惠更斯的波动说共同构成了关于光的两大基本理论。现代科学证明，任何物质都具有波粒二象性。牛顿在光学方面还有许多发现和研究成果。如1666年他制作了牛顿色盘；1675年曾利用凸透镜和平板玻璃观察到了一种干涉图样，称为牛顿环等。他对牛顿环进行过精细的测量，但是没有能够做出满意的解释。此外牛顿还研究制成了多种光学仪器，在天文观测中有广泛的应用。

在牛顿以前，墨子、培根、达·芬奇等人都研究过光学现象。反射定律是人们很早就认识的光学定律之一。近代科学兴起的时候，伽利略靠望远镜发现了"新宇宙"，震惊了世界，荷兰数学家斯涅尔首先发现了光的折射定律……

牛顿的色散试验

　　牛顿在天文学方面也颇有造诣。他自己制作了反射式望远镜，为天文学的发展做出了贡献。反射式望远镜的制造成功，是天文学史上的一个里程碑。自伽利略发明第一架天文望远镜以来，人们对于宇宙的认识范围迅速扩展，但是当时流行的伽利略、开普勒等人发明和制造的折射望远镜，口径有限，制造大型望远镜不但困难，而且太庞大，同时折射望远镜的折射色差和球差都很大，这些大大限制了天文观测的范围。牛顿了解白光的组成，因而于1668年设计制成了第一架反射式望远镜。

这种望远镜能反射较广光谱范围的光而无色差,容易获得较大的口径,同时对球差也有校正。这样牛顿为现代大型天文望远镜的制造奠定了基础。牛顿还对行星的运动规律进行了全面考察,为天文学做出了另一不朽的贡献。特别是对开普勒等人的学说进行过系统的研究。1686 年他在给哈雷的信中说明了天体可以按照质点处理并证明了开普勒的行星运动的椭圆形轨道以及彗星的抛物线轨道。牛顿不断完善自己的理论,认为行星都由于自转而使两极扁平赤道突出,还预言地球也是这样的球体。由于地球不是正球体,牛顿就指出,太阳和月球的引力摄动将不会通过地球中心,因此地轴将做一缓慢的圆锥运动,这便出现了二分点的岁差现象。对于潮汐现象,牛顿也做出了解释,他认为这是太阳和月球引力造成的。

牛顿的唯物主义哲学思想还处于自发阶段。他承认时间、空间的客观存在,但却把它们看成是与运动着的物质相脱离的。他所提出的形而上学的绝对时空观,虽然在解决宏观低速下运动物体的运动规律时能很好的适用,但在离开宏观低速的条件时,便无能为力了。

牛顿在数学方面的成就也是很突出的。他发现了二项式定理,据他本人回忆,他是在 1664 年和 1665 年间的冬天,在研读沃利斯博士的《无穷算术》时,试图修改他的求圆面积的级数时发现这一定理的。

笛卡儿的解析几何把描述运动的函数关系和几何曲线相对应。牛顿在老师巴罗的指导下,在钻研笛卡儿的解析几何的基础上,找到了新的方法。可以把任意时刻的速度看成在微小的时间范围里的速度

笛卡儿

的平均值,这就是一个微小的路程和时间间隔的比值,当这个微小的时间间隔缩小到无穷小的时候,就是这一点的准确值。这就是微分的概念。求微分相当于求时间和路程关系的在某点的切线斜率。一个变速的运动物体在一定时间范围里走过的路程,可以看作是在微小时间间隔里所走路程的和,这就是积分的概念。求积分相当于求时间和速度关

莱布尼茨

系的曲线下面的面积。牛顿从这些基本概念出发，建立了微积分。微积分的创立是牛顿最卓越的数学成就。牛顿为解决运动问题，才创立这种和物理概念直接联系的数学理论的，牛顿称之为"流数术"。它所处理的一些具体问题，如切线问题、求积问题、瞬时速度问题以及函数的极大和极小值问题等，在牛顿前已经得到人们的研究了。但牛顿超越了前人，他站在了更高的角度，对以往分散的努力加以综合，将自古希腊以来求解无限小问题的各种技巧统一为两类普通的算法——微分和积分，并确立了这两类运算的互逆关系，从而完成了微积分发明中最关键的一步，为近代科学发展提供了最有效的工具，开辟了数学上的一个新纪元。牛顿没有及时发表微积分的研究成果，他研究微积分可能较早一些，但是莱

牛顿

布尼茨所采取的表达形式更加合理，而且关于微积分的

著作出版时间也比牛顿早。牛顿和莱布尼茨,为争论谁是这门学科的创立者的时候,竟然引起了一场悍然大波,这种争吵在各自的学生、支持者和数学家中持续了相当长的一段时间,造成了欧洲大陆的数学家和英国数学家的长期对立。英国数学在一个时期里闭关锁国,拘泥在牛顿的"流数术"中停步不前,因而数学发展整整落后了100年。应该说,一门科学的创立绝不是某一个人的业绩,它必定是经过多少人的努力后,在积累了大量成果的基础上,最后由某个人或几个人总结完成的。微积分也是这样,是牛顿和莱布尼茨在前人的基础上各自独立建立起来的。

1707年,牛顿将代数讲义经整理后出版,名为《普遍算术》。他主要讨论了代数基础及其(通过解方程)在解决各类问题中的应用。书中陈述了代数基本概念与基本运算,用大量实例说明了如何将各类问题化为代数方程,同时对方程的根及其性质进行了深入探讨,引出了

惠更斯

方程论方面的丰硕成果,如他得出了方程的根与其判别式之间的关系,指出可以利用方程系数确定方程根之幂的和数,即"牛顿幂和公式"。

牛顿在解析几何与综合几何方面都做出了突出贡献。他在 1736 年出版的《解析几何》中引入了曲率中心,给出密切线圆(或称曲线圆)概念,提出曲率公式及计算曲线的曲率方法。并将自己的许多研究成果总结成专论《三次曲线枚举》,于 1704 年发表。此外,他的数学工作还涉及数值分析、概率论和初等数论等众多领域。

牛顿在力学方面的成就是最突出的,是经典力学理论的开拓者。他系统的总结了伽利略、开普勒和惠更斯等人的工作,得到了著名的万有引力定律和牛顿运动三定律。

在牛顿以前,天文学是最显赫的学科。但是为什么行星一定按照一定规律围绕太阳运行?天文学家无法圆满解释这个问题。万有引力的发现说明,天上星体运动和地面上物体运动都受到同样的规律——力学规律的支配。早在牛顿发现万有引力定律以前,已经有许多科学家严肃认真的考虑过这个问题。比如开普勒就认识到:要维持行星沿椭圆轨道运动必定有一种力在起作用,他认为这种力类似磁力,就像磁石吸铁一样。1659

惠更斯对摆的研究

年,惠更斯从研究摆的运动中发现,保持物体沿圆周轨道运动需要一种向心力。胡克等人认为是引力,并且试图推到引力和距离的关系。1664年,胡克发现彗星靠近太阳时轨道弯曲是因为太阳引力作用的结果;1673年,惠更斯推导出向心力定律;1679 年,胡克和哈雷从向心力定律和开普勒第三定律,推导出维持行星运动的万有引力和距离的平方成反比。

牛顿自己回忆,1666 年前后,他在老家居住的时候已经考虑过万有引力的问题。最有名的一个说法是:在假期里,牛顿常常在花园里小坐片刻。有一次,

牛顿在花园里思考苹果因何落下

像以往屡次发生的那样,一个苹果从树上掉了下来……

一个苹果的偶然落地,却使人类科学经历了一个历史性的转变,牛顿开始思索:究竟是什么原因使一切物体都受到差不多总是朝向地心的吸引呢?终于,他发现了对人类具有划时代意义的万有引力。牛顿的伟大就在于他解决了胡克等人没有能够解决的数学论证问题。1679 年,胡克曾经写信问牛顿,能

哈雷

不能根据向心力定律和引力同距离的平方成反比的定律，来证明行星沿椭圆轨道运动。牛顿没有回答这个问题。1685 年，哈雷登门拜访牛顿时，牛顿已经发现了万有引力定律：两个物体之间有引力，引力和距离的平方成反比，和两个物体质量的乘积成正比。当时已经有了地球半径、日地距离等精确的数据可以供计算使用。牛顿向哈雷证明地球的引力是使月亮围绕赤道运动的向心力，也证明了在太阳引力作用下，行星运动符合开普勒运动三定律。在哈雷的敦促和资助下，牛顿于 1687 年出版了伟大的著作《自然哲学之数学原理》。在这部

《自然哲学之数学原理》

书中，从力学的基本概念（质量、动量、惯性、力）和基本定律（运动三定律）出发，运用他所发明的微积分这一锐

利的数学工具，不但从数学上论证了万有引力定律，而且把经典力学确立为完整而严密的体系，把天体力学和地面上的物体力学统一起来，实现了物理学史上第一次大的综合。

牛顿的教学并不是很受人欢迎，他在讲授新近发现的微积分时，学生都接受不了。但他解决疑难问题的能力却远远超过了常人。还是学生时，牛顿就发现了一种计算无限量的方法。他用这个秘密的方法，算出了双曲面积到250位数。

牛顿很少注意生活的细枝末节，常常不修边幅，不打领带，袜带不系好，马裤也不系纽扣，就走进大学餐厅。有一次，他在向一位姑娘求婚时思想又开了小差，他脑海里只剩下了无穷量的二项式定理。他抓住姑娘的手指，错误地把它当成通烟斗的通条，硬往烟斗里塞，痛得姑娘大叫，离他而去。牛顿也因此终生未娶。他马虎拖沓，曾经闹过许多的笑话。一次，他边读书，边煮鸡蛋，等他揭开锅想吃鸡蛋时，却发现锅里是一只怀表。还有一次，他请朋友吃饭，当饭菜准备好时，牛顿突然想到一个问题，便独自进了内室，朋友等了他好久还是不见他出来，于是朋友就自己动手把那份鸡全吃了，鸡骨头留在盘子里，不告而别了。等牛顿想起，出来后，发现了盘子里的骨头,以为自己已经吃过了,便转身又进了内室,继续研究他的问题。

牛顿雕像

随着科学声誉的提高,牛顿的政治地位也得到了提升。1689年,他当选为国会中的大学代表。作为国会议员,牛顿逐渐开始疏远给他带来巨大成就的科学。他不时表示出对以他为代表的领域的厌恶。同时,他的大量的时间花费在了和同时代的著名科学家如胡克、莱布尼茨等进行科学优先权的争论上。

牛顿的晚年生活很阔绰,1705年他被安妮女王封为贵族。此时的牛顿非常富有,被普遍认为是生存着的最伟大的科学家。他担任英国皇家学会会长,在他任职的

24 年里，他以铁拳统治着学会。没有他的同意，任何人都不能被选举。

牛顿晚年对神学产生了浓厚的兴趣，他否定哲学的指导作用，虔诚地相信上帝，埋头于写以神学为题材的著作。当他遇到难以解释的天体运动时，竟提出了"神的

威斯敏斯特教堂

第一推动力"的谬论。他说："上帝统治万物，我们是他的仆人而敬畏他、崇拜他。"

1727 年 3 月 20 日，伟大艾萨克·牛顿逝世。同其他很多杰出的英国人一样，他被埋葬在了威斯敏斯特教堂。他的墓碑上镌刻着："让人们欢呼这样一位多么伟大的人类荣耀曾经在世界上存在。"

古希腊最博学的人

名句箴言

> 重的物体比轻的物体下落得快。
>
> ——亚里士多德

亚里士多德其人

力学发展过程是人类对于机械运动的认识过程,是一门古老的科学。大约在公元前三四百年,古希腊的欧多克斯就提出了地心说,他用 27 个球层来解释天体的运动。后来亚里士多德(公元前 384—公元前 322 年)对这个理论作了改进,到公元 2 世纪,托勒密把这种学说发展到了登峰造极的地步。

亚里士多德是世界古代史上最伟大的哲学家、科学家和教育家。他创立了形式逻辑学，丰富和发展了哲学的各个分支学科，对科学做出了巨大的贡献。

亚里士多德从 18 岁开始就在雅典跟柏拉图学习哲学，

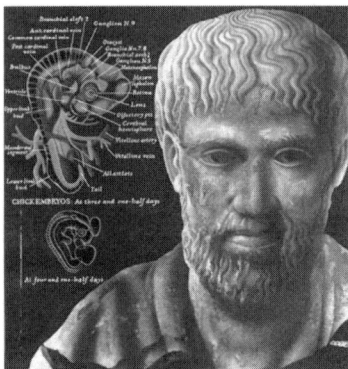

亚里士多德

一直到 38 岁，这 20 年对亚里士多德的学习和生活产生了决定性的影响。苏格拉底是柏拉图的老师，亚里士多德又受教于柏拉图，这三代师徒都是哲学史上赫赫有名的人物。在雅典的柏拉图学园中，亚里士多德表现得很出色，柏拉图称他是"学园之灵"。但亚里士多德可不是个只崇拜权威，在学术上唯唯诺诺而没有自己的想法的人。他同大谈玄理的老师不同，他努力收集各种图书资料，勤奋钻研，甚至为自己建立了一个图书室。有记载说，柏拉图曾讽刺他是一个书呆子。在学院期间，亚里士多德就在思想上跟老师有了分歧。他曾经隐喻的说过，智慧

柏拉图和亚里士多德

不会随柏拉图一起死亡。当柏拉图到了晚年,他们师生间的分歧更大了,经常发生争吵。

亚里士多德无愧于一个伟大的哲学家的称号,他虽然是柏拉图的学生,但却抛弃了他的老师所持的唯心主义观点。柏拉图认为理念是实物的原型,它不依赖于实物而独立存在。亚里士多德则认为实物本身包含着本质。柏拉图断言感觉不可能是真实知识的源泉。亚里士多德却认为知识起源于感觉。这些思想已经包含了一些唯物主义的因素。亚里士多德和柏拉图一样,认为理性方案和目的是一切自然过程的指导原理。可是亚里士多德对因果性的看法比柏拉图的更为丰富,因为他接受了一些古希腊时期对这个问题的看法。他指出,因主要有四种,第一种是质料因,即形成物体的主要物质。

柏拉图雕像

第二种是形式因,即主要物质被赋予的设计图案和形状。第三种是动力因,即为实现这类设计而提供的机构和作用。第四种是目的因,即设计物体所要达到的目的。举个例子来说,制陶者的陶土为陶器提供其质料因,而陶器的设计样式则是它的形式因,制陶者的轮子和双手是动力因,而陶器打算派的用途是目的因。亚里士多德本人看中的是物体的形式因和目的因,他相信形式因蕴藏在一切自然物体和作用之内。开始这些形式因是潜伏着的,但是物体或者生物一旦有了发展,这些形式因就显露出来了。最后,物体或者生物达到完成阶段,其制成品就被用来实现原来设计的目的,即为目的因服务。他还认为,在具体事物中,没有无质料的形式,也没有无形式的质料,质料与形式的结合过程,就是潜能转化为现实的运动。这一理论表现出自发的辩证法的思想。

亚里士多德是形式逻辑学的奠基人,他力图把思维形式和存在联系起来,并按照客观实际来阐明逻辑的范畴,认为分析学或逻辑学是一切科学的工具。亚里士多德把他的发现运用到科学理论上。他选择了数学学科作为例证,特别是几何学,因为几何学当时已

泰勒斯

经从泰勒斯想对土地测量的经验规则给予合理说明的早期

试验阶段,过渡到后来的具有比较完备的演绎形式的阶段。但是,逻辑学的三段论法对实验科学确实毫无用处的。因为实验科学所追求的目标是发现,而不是从公认的前提得到形式证明。例如从元素不能再分割为更简单的物体的前提出发,在1890年未尝不可提出一个正确的已知元素表,但是到1920年,再运用这个前提就会把一切放射性元素排除在外。前提既然已经改变,"元素"一词的意义也就改变了。但是,这个事实并不能证明三段论是没用的,也不能就此认定现代物理学是错误的。幸运的是,现代的实验家并不再为逻辑形式而耗费心神了,但希腊和中古时代的科学界却在亚里士多德的权威下,运用演绎法把许多错误的权威说成是绝对正确的,并用欺骗性的逻辑形式进行了许多错误的推论。

亚里士多德在天文学方面认为运行的天体是物质的实体,地是球形的,是宇宙的中心;地球和天体由不同的物质组成,地球上的物质是由水汽火土四种元素组成,天体由第五种元素"以太"构成。在物理学方面,他反对原子论,不承认有真空存在;他还认为物体只有在外力推动下才运动,外力停止,运动也就停止。在生物学方面,他对500多种不同的植物动物进行了分类,至少对50多种动物进行了解剖研究,指出鲸鱼是胎生的,还考察了小鸡胚胎的发育过程。亚历山大大帝在远征途中经常给他捎回各种动植物标本。在教育方面,他认为理性的发展是教育的最终目的,主张国家应对奴隶主子弟进行公共教育。使他们的身体、德行和智慧得以和谐地发展。亚里士多德还曾提出许多数学和物理学的概念,如极限、无穷数、力的合成等。

亚里士多德的逻辑学著作后来由他的注释者汇编成书,名为《工具论》。他们继承了亚里士多德的看法,认为逻辑学既不是理论知识,又不是实际知识,只是知识的工具。《工具论》主要论述了演绎法,为形式逻辑奠定了基础,对这门科学的发展具有深远的影响。

名句箴言

多听，少说，接受每一个人的责难，但是保留你的最后裁决。

——莎士比亚

亚里士多德与物理学

亚里士多德在《物理学》一书中讨论了自然哲学、存在的原理、物质与形式、运动、时间和空间等方面的问题。他认为要使一个物体运动不止，需要有一个不断起作用的原因。亚里士多德还有一部书叫作《论天》。这两部书是密切联系着的；第二部书的论证就是从第一部书所留下来的论点开始的。两部书都极有影响,并且一直统治着科学直到伽利略的时代为止。像"第五种本质""月球以下"这些名词,就都是从这两部书所表达的理论里得来的。因此哲学史家就必须研究这两部书,尽管事实上以近代科学的眼光看来,其中几乎没有一句话是可以接受的。

理解亚里士多德的物理学观的前提是了解他们在想象方面的背景。每一个哲学家除了他向世界所提出的正式体系以外,还有着另一种更简单得多的、可能为他自己所完全不曾察觉到的体系。纵使他察觉到它,或许他认识到这是行不通的;所以他就把它隐藏起来而提出某种更为诡辩的东西,他相信那种东西,因为那种东西有似于他的未曾加工的体系,他也要求别人接受那种东西,因为他相信他已经把它弄得不可能再加以反驳了。这种诡辩是靠着对反驳的反驳而达到的,但是单凭这一点却是永远也得不出正面的结果来的:那最多只表明一种理论可能是真的,但却非必定是真的。正面的结果(无论一个哲学家所意识到的是何等地微少)都是从他想象之中预先就有的观念里面,或者是如桑塔雅那所称之为"动物的信仰"里面得来的。

对物理学,亚里士多德在想象方面的背景与一个近代学者在想象方面的背景是大不相同的。今天一个小孩子一开始就学力学,力学这个名字的本身就提示着机械。他已经习惯于汽车和飞机了;甚至在他下意识想象的最深处,他也决不会想到一辆汽车里会包含着一种马,或者一架飞机的飞行乃是因为它的两翼是一只具有神奇力量的飞鸟的两翼。动物,在我们对于世界的想象图画里,已经丧失了它们的重要性;人在这个世界里,已经比较能独立地作为是一个大体上无生命而且大致能够驯服的物质环境的主人了。

人已经成为能够驯服物质世界的主人了

希腊人试图对运动做出科学解说,纯粹的力学观点几乎从来也不曾得到过暗示。看来只有两套现象才是重要的,即动物的运动与天体的运动。在近代科学家看来,动物的身体是一架非常精致的、具有异常复杂的物理一化学结构的机械;每一项科学的新发现都包含着动物与机械之间的表面鸿沟的缩小。但在希腊人看来,则把显然是无生命的运动同化在动物的运动里面,却似乎更为自然。今天一个小孩子仍然在用自身能不能运动的这一事实,来区别活的动物与其他的东西;在许多的希腊人看来,特别是在亚里士多德看来,这一特点本身就提示了物理学的普遍理论的基础。但是天体又是怎样的呢?天体与动物的不同就在于它们运动的规则性,但这可能仅仅是由于它们优异的完美性所致。每一个希腊哲学家无论成年以后是什么想法,但都是从小就被教导要把日月看作是神的;阿那克萨哥拉曾被人控诉为不敬神,就因为他教导说日和月并不是活的。当一个哲学家不再把天体的本身看作是神明的时候,他就会把天体想成是由一位具有希腊人的爱好秩序与几何的简捷性的神明意志在推动着;这也是十分自然的。于是一切运动的最后根源便是"意志":在地上的便是人类与动物的随心所欲的意志,在天上的则是至高无上的设计者之永恒不变的意志。我并不提示说,这一点就可以适用于亚里士多德所谈到的每一个细节。这里所要提示的是,这一点提供了亚里士多德在想象方面的背景,并且代表着(当他着手研究时)他会希望是真实的那种东西。

亚里士多德的著作中,物理学(physics)这个字乃是关于希腊人所称为"phusis"(或者"physis")的科。这个字被人译为"自然",但是并不恰好等于我们所赋予"自然"这个字的意义。我们仍旧在说"自然科学"与"自然史",但是"自然"其本身,尽管它是一个很含糊的字,却很少正好意味着"phusis"的意义。"phusis"是与生长有关的,我们可以说一个橡子的"自然"("性质")就是要长成为一棵橡树,在这种情况下我们就是以亚里士多德的意义在使用这个字的。亚里士多德说,一件事物的"自然"("性质")就是它的目的,它就是为了这个目的而存在的。因而这个字具有一种目的论的涵义。有些事物是自然存在的,有些事物则是由于别的

橡树、橡子

原因而存在的。动物、植物和单纯的物体(元素)是自然存在的,它们具有一种内在的运动原则。(被译作"运动"的这个字,有着比"移动"更为广泛的意义;除了移动而外,它还包括着性质的变化或大小的变化。)自然是运动或者静止的根源。如果事物具有这种内在原则,它们便"具有自然(性质)"。"按照自然"这句成语,就适用于这些事物极其本质的属性(正是由于这种观点,所以"不自然"就用以表示谴责。)。自然存在于形式之中而不是存在于质料之中;凡是潜存的血肉就都还不曾获得它自己的自然(性质),唯有当一件事物达到充分发展的时候,它才更加是它自己。整个的这一观点似乎是由生物学所启发的:橡子就是一颗"潜存"的橡树。

自然是属于为了某种东西的缘故而起作用的那类原因的。这就引到了一场关于自然并没有目的而只是由于必然而行动着的那种观点的讨论;与此相关,亚里士多德还讨论了为恩培多克勒所教导过的那种形式的适者生存的学说。他说这不可能是对的,因为事物是以固定的方式而发生的,并且当一个系列完成的时候,则此前的一切步骤就都是为了这个目的。凡是"由于连续不断的运动,从一个内在的原则发源而达到某种完成"的东西都是"自然的"。整个这一"自然"观,尽管它似乎是很值得称道地能适用于解释动物与植物的生长,但在历史上却成了科学进步的最大障碍,并且成了伦理学上许多坏东西的根源。就这后一方面而论，它至今仍然是有害的。

静止的火车相对于地面是静止的

亚里士多德认为运动就是潜在着的东西正在实现。这一观点除了有许多缺点以外，也与移动的相对性不相容。当 A 相对于 B 而运动的时候，B 也就相对于 A 而运动。要说这两者之中有一个是运动的而另一个是静止的，这乃是毫无意义的话。当一条狗抓到一块骨头的时候，常识上似乎以为狗是在运动而骨头则是静止的（直到骨头被抓住时为止），并且以为运动有一个目的，即要实现狗的"自然"（"性质"）。但实际的情形却是，这种观点并不能应用于死的物质,并且对于科学的物理学的要求来说,"目的"这一概念是完全没有用处的,任何一种运动在严格的科学意义上,都只能是作为相对的来加以处理。

亚里士多德反对留基波和德谟克里特所主张的真空。随后他就过渡到一场颇为奇特的关于时间的讨论。他说可能有人说时间是并不存在的,因为时间是由过去和未来所组成的,但是过去已经不复存在而未来又尚未存在。然而,他反对这种观点。他说时间是可以计数的运动。(我们不清楚,他为什么要把计数看成是根本性的)。他继续说我们可以问道,既然除非是有一个人在计数,否则任何事物便不可能计数,而时间又包含着计数;那么时间若不具有灵魂究竟能不能存在呢?看来亚里士多德似乎把时间想成是许多的时日或岁月。他又说有些事物就其并不存在于时间之内的意义而言,则它们是永恒的,他所想到的大概也是数目之类的东西。

亚里士多德认为运动一直是存在着的,并且将永远存在;因为没有运动就没有时间,并且除了柏拉图以外,所有的人都同意时间不是被创造的。《物理学》一书以关于不动的推动者的一段论证而结束,这一点我们在谈到《形而上学》时已经考察过了。有一个不动的推动者在直接造成着圆运动。圆运动是原始的一种运动,并且是唯一能够继续无限的一种运动。第一推动者既没有部分也没有大小,并且存在于世界的周围。得出了这个结论之后,我们再来看天体。

宏观物质的运动

《论天》这部著作里提出了这样一种理论:在月亮以下的东西都是有生有灭的;自月亮而上的一切东西,便都是不生不灭的了。大地是球形的,位于宇宙的中心。在月亮以下的领域里,一切东西都是由土、水、气、火四种元素构成的,但是另有一个第五种元素是构成天体的。地上元素的自然运动是直线运动,但第五种元素的自然运动由火构成的,而是由则是圆运动。各层天都是完美的球形,而且越到上层的区域就越比下层的区域来得神圣。恒星和行星不是第五种元素构成的。它们的运动乃是由于它们所附着的那些层天球在运动的缘故。

月亮

地上的四种元素并不是永恒的,而是彼此互相产生出来的——火就其自然运动乃是向上的这种意义而言,便是绝对的轻;土则是绝对的重,气是相对的轻,而水则是相对的重。这种理论给后代准备下了许多的困难。被人认为是可以毁灭的彗星就必须划归到月亮以下的区域里面去,但是到了17世纪人们却发现彗星的轨道是围绕着太阳的,并且很少能像月亮距离这么近。既然地上物体的自然运动是直线的,所以人们就认为沿水平方向发射出去的抛射体在一定时间内是沿着水平方向运动的,然后就突然开始垂直向下降落。伽利略发现抛射体是沿着抛物线而运动的,这一发现吓坏了他的亚里士多德派的同事们。哥白尼、开普勒和伽利略在奠定地球不是宇宙的中心,而是每天自转一次、每年绕太阳旋转一周的这一观点时,就不得不既要向圣经做战,也同样要向亚里士多德挑战了。

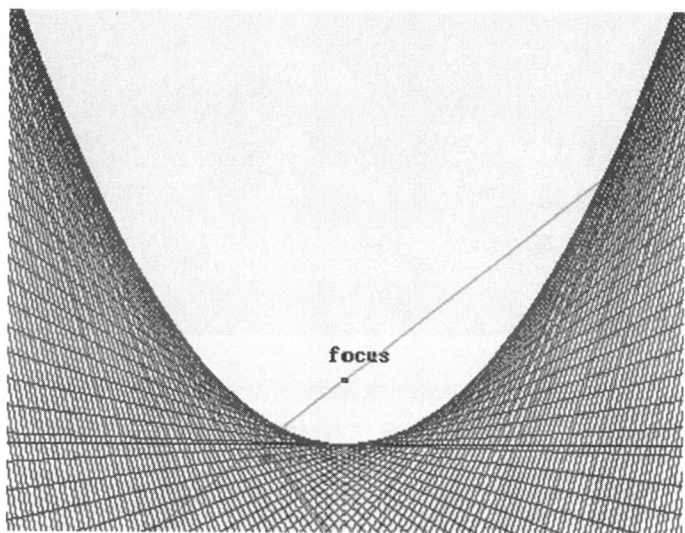

抛物线

亚里士多德的物理学与本来系由伽利略所提出的牛顿"运动第一定律"是不相符的。牛顿的运动第一定律认为,每个物体如果已经是在运动着的话,则当其自身不受外力作用时就将沿直线作等速运动。因此就需要有外部的原因,并不是用以说明运动而是用以说明运动的变化,无论是速度的变化、还是方向的变化。亚里士多德所认为对于天体乃是"自然的"那种圆周运动,其实包含着运动方向的不断变化,因此按照牛顿的引力定律,就需要有一种朝向圆心而作用着的力。

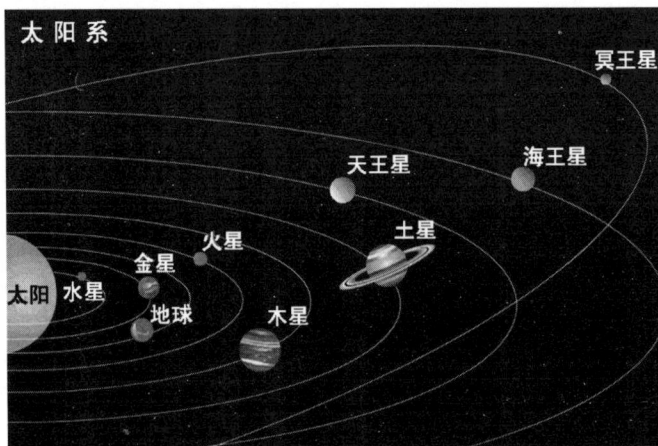

太阳系

最后,人们不得不放弃了天体永恒不毁的观点。太阳和星辰有着悠久的生命,但却不是永远生存的。它们是从星云里生出来的,并且最后不是爆炸就是冷却而死亡。在可见的世界里,并没有什么东西是可以免于变化和毁灭。亚里士多德式的与此相反的信仰,尽管为中世纪的基督徒所接受,其实乃是异教徒崇拜日月星辰的一种产物。

Follow Me!

跟我來!

亚里士多德是古希腊最伟大的科学家之一。他喜欢独立思考，所以许多观点跟他的老师柏拉图截然相反。亚里士多德当过教师，对植物、动物、天文、气候、数学和物理等方面都进行过研究，著书 1000 多种，可以说他是古希腊的博学者。他的这些著作被当作古代世界的百科全书。达尔文曾这样评价亚里士多德："我尊敬林奈和屈费尔好像两位神一样。但是，他们比起亚里士多德来，却不过是小学生。"

由于历史的局限性，亚里士多德的著作还存在一些错误观点。例如，亚里士多德认为重的物体比轻的物体下落得快；认为运动物体只有在一个持续不断的力的作用下才能保持；如果运动物体不再受到力的作用，它就会停下来；认为抽水机抽水的道理是"自然害怕真空"；

伽利略

45

认为天上和地球上的运动是截然不同的，不能把地球上的科学概念推广到天体等等。由于人们对权威的盲目崇拜，又看不清自然现象的本质，使这些错误观点流行达 2000 年之久，在一定程度上阻碍了自然科学的发展。经典力学就是在批判亚里士多德的这些错误观点中建立起来的。但这些错误远不能动摇亚里士多德作为古代伟大科学家的地位。曾经用实验否定了亚里士多德在物理学方面一些错误论点的伽利略曾说过："我并不是说我们不应当倾听亚里士多德的话，相反的，我称赞那些虚心阅读和仔细研究他的人。我所反对的只是那些屈服于亚里士多德权威之下的倾向，盲目赞成他的每一个字，不想去寻求其他的根据，而只是把他的每一个字看成永恒的真理。"亚里士多德之后，在物理学方面取得突出成就的要数阿基米德了。

日心说创立者

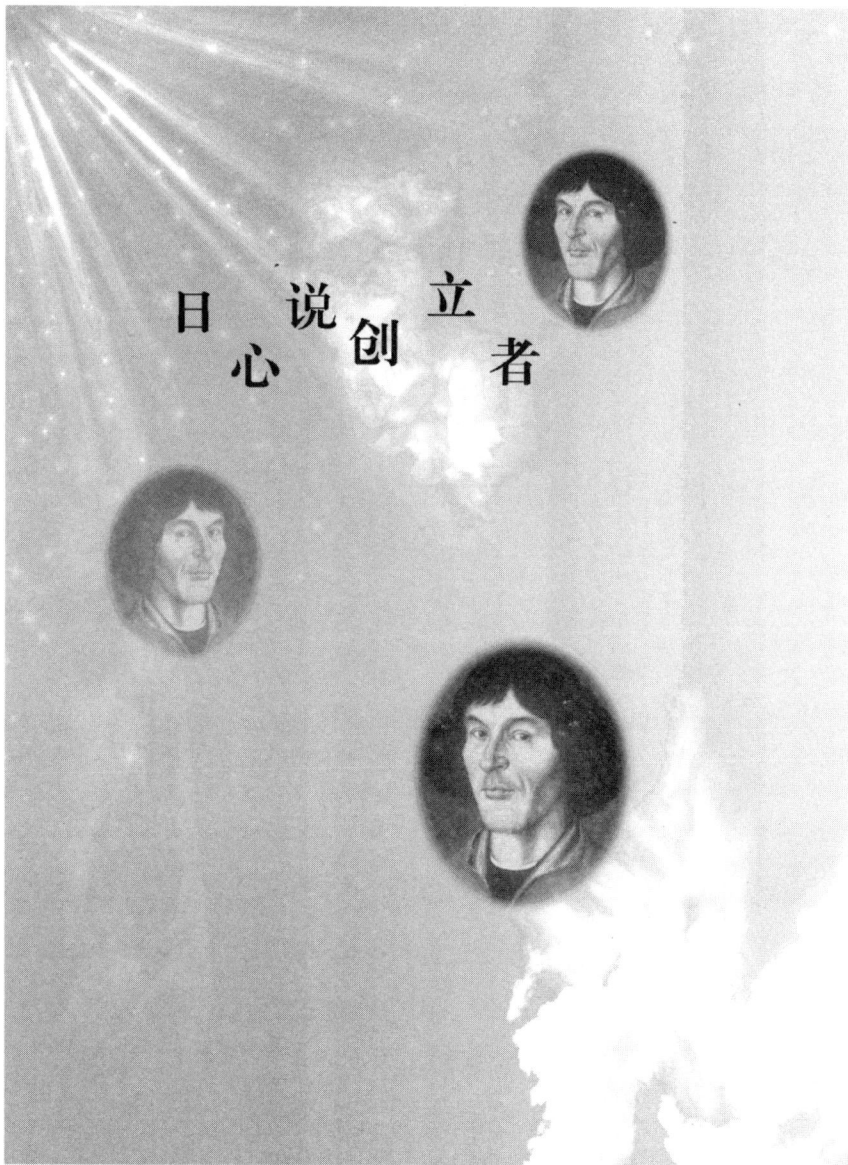

名句箴言

阿基米德及其贡献

公元前 287 年，阿基米德诞生于西西里岛的叙拉古（今意大利锡拉库萨）。他出生于贵族，与叙拉古的赫农王有亲戚关系，家庭十分富有。阿基米德的父亲是天文学家兼数学家，学识渊博，为人谦逊。他十一岁时，借助与王室的关系，被送到古希腊文化中心亚历山大里亚城去学习。在那里他接受了东方和古希腊的优秀的文化教育,为他后来事业上取得成就打下了基础。

阿基米德

阿基米德对物理问题进行数学处理非常擅长。他详细研究了物体在液体中所受浮力跟浸入液体中物体体积之间的关系,得出了著名的浮力定理,传说据此他揭开了金王冠之谜。他详细地研究了杠杆的平衡问题,找出了杠杆的平衡条件。他曾豪迈地提出:"只要给我一个支点,我就可以把整个地球举起。"阿基米德叙述杠杆平衡的学说,奠定了静力学的基础。

那些背叛同伴的人，常常不知不觉地把自己也一起毁灭了。

——伊索

名句箴言

托勒密与地球中心说

希腊民族开创了一个科学文化高度繁荣的时代，希腊人也是最富于创造性的。希腊灭亡的 1000 多年后，当人民从中世纪的暗夜中醒来，发现人类被宗教神学禁锢在无边的黑暗之中，因而重新寻找科学与真理时，首先想到的就是那早已成为历史陈迹的希腊。人们对希腊时代科学文化的繁荣发展是如此的向往，称这一时期是"希腊化时代"，而人类重新觉醒后的第一个要求就是要"复兴"希腊时代的文化和科学，所以才有"文艺复兴"这个名词的诞生。

古希腊民族是一个非常擅长理论思维的民族。按照一般的推论，似乎居住在小亚细亚巴尔干半岛一带的民族都应当同希腊民族在素质上是相似的。但是真如孔子说过的"性相近，习相远"一样，同样居于巴尔干半岛附近的古罗马民族，在发展和成就上就很不同于希腊民族。罗马人长于治理国家，在军事、行政和立法方面有着优异的能力，著名的《十二铜表法》是古罗马法律和法学发展的典型标志，至今在罗马法学基础上发展起来的各国法系，都称为罗马法系，1804年法国的《拿破仑法典》就是以罗马法为基础制定的。但是罗马人在科学学术方面却没有多少创造力。罗马的艺术、科学，甚至医学都是从希腊人那里传来的。罗马人似乎只注重医学、农业和工程建筑方面的实用工作，由于这个才关心一点科学。他们利用科学的流，而不培育科学的源。即使这样，罗马人的社会组织还是有利于对外战争的，加上罗马人不屈服的民族传统，再加上他们善于利用进步敌手的技术来武装自己，结果罗马人在公元前1世纪征服了欧洲南部，建立了罗马帝国。有人说"罗马帝国兴起之后，科学便死了"。这话的确有一定道理，罗马贵族追求的是希腊文明的现成物质财富，却看不起希腊的科学，甚至认为希腊的哲学是败坏人心的,希腊医生是毒害罗马人的。但是无论怎样,有人类存在就必然要有科学思想的产生和科学技术的发展。罗马帝国前期还是出现了一些科学文化的代表人物。像罗马法律学家和政治家西塞罗(公元前 106 年—公元前 43 年左右),在创立拉丁语的哲学语言和普及希腊哲学方面都有很大贡献。他的《神性论》一书中载有不少科学知识的资料,对迷信和巫术仪式进行有力的抨击。又像著名的罗马恺撒

西塞罗

大帝在位时,在学者的帮助下修订了以前的历法,以 365.25 天为一年,这在当时是比较准确的历法。但是由于这个历法在欧洲一直使用到 1582 年,结果误差积累起来达到 10 天之多。

公元 1 世纪后半叶,出现了一定程度的学术复兴,当时出版了一部《自然史》的著作,共有 37 册。这是一部包括了那个时代全部科学以及一系列被遗忘了的希腊和罗马著作家的知识和见解的百科全书。这部书的作者是普林尼,他虽然在书中将科学与迷信混同起来,把现实的东西和想象

的东西混同起来,但是这部书毕竟包罗了从宇宙到人体,从植物到动物,从金属性质到森林园艺,甚至酿酒工艺和美术起源等广博知识。普林尼的目的是追求自然知识的,并为此献出了自己的生命。当公元79年维苏威火山大爆发,毁灭了庞贝古城时,他正统率着罗马海军。他上岸去观察这次翻天覆地的变化,深入险地,结果被暴雨般落下的火山灰埋灭。

在这一时代,值得一提的科学家要属托勒密,这倒不是由于他为科学做出了巨大贡献,而是因为他提出地球中心说的错误理论统治欧洲达1400年之久,严重地阻碍了天文学的发展,直到16世纪哥白尼提出太阳中心说,才实现天文学史上的一次巨大革命。

托勒密

托勒密生于公元90年,死于公元168年。他的一生没有传记留下来,因而大部分事迹已经无从考查了。有人根据"托勒密"是当时埃及皇族之称这一点,认为他是埃及的贵族,但这是不足为据的。因为当时托勒密这个称呼如同我们的姓刘一样普通，谁能认定汉代姓刘的就一定是汉光武刘秀的亲族呢？托勒密是集以前天文学的大成者。他的《天文大全》一书综合了亚里士多德、阿波罗尼乌斯等一系列学者的全部地心说（认为地球是宇宙的中心）的观点，建立了最完整的地心宇宙体系。

　　从毕达哥拉斯以后，在一些科学家的心中有一种地球环绕太阳运动的想法。但当时的老百姓还相信地球是不动的，而是太阳和星辰们环绕它运动。托勒密面临着选择：究竟地球是不是宇宙的中心。他没有闭上眼睛下结论，而是确实进行了观察。从公元 127 年的第一次天文观察到公元 151 年的最后一次，这期间历时 24 年。通过观察他认为，地

人们想象中的地球是圆的

球不是平面而是圆的，没有任何东西支持在它的下面，因此它是悬在空中的，至于为什么会悬在空中不"掉"下去，他无法解释。显然，这是托勒密的正确结论。但是托勒密又认

为,地球是不动的,是宇宙的中心,太阳和星辰在绕赤道转。他支持了亚里士多德的观点。如果托勒密只是这样说了也许不会有那么大的影响,不幸的是这个结果是在观察的基础上,进行一系列假设和理论证明的最终结论。这就是最糟的。

一种科学上的观点如果没有理论的证明和观察现象证实,它的影响决不会很大,而给出理论证明又辅以观察现象证实,那它就可以通行无阻了。托勒密的理论正是这样。在他以前,天文观测资料表明,太阳和行星运行具有明显的不均匀性。按照匀速运动计算出的火星位置与实际观察有时竟相差 20 天之多。这样大的误差使那些杰出的大科学家用任何假设都难以解释。托勒密开始修正原来的天文学体系,提出了新的假设。他想出了一些奇特的圆圈和透明的星体,将天分成七重,七重天之外是恒星天,所有的恒星都镶嵌在这个天球上绕赤道旋转。恒星之外还有一层最高天,即原动天,这便是诸神所在。所有的天层都受原动天推动而绕赤道旋转。托勒密自己也觉得太阳及其他星辰是不会以那么快的速度在 24 小时之内就绕地旋转一圈的,但他认为这些星辰只要嵌在"天"上,随着天转动,问题就解决了。托勒密为我们画出的天图是一个个的"轮",大圈和小圈,复杂极了,但他的这些圈圈画出来以后却对当时的天文观测事实提供了一套更加令人满意的解释。这样,一个由亚里士多德提出的武断的理论,又经过托勒密复杂的"证明",便被当作不可动摇的真理固定下来。

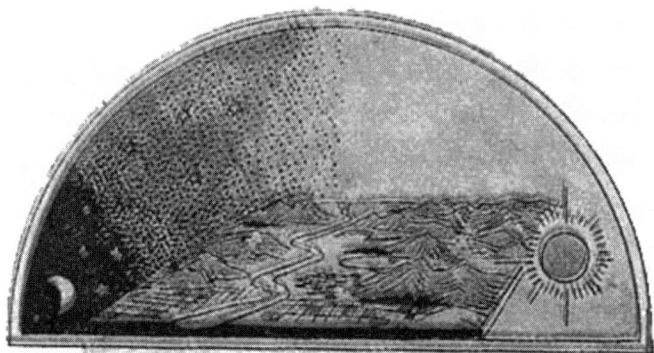

人们想象中的地球是方的

在托勒密之后,希腊文化的曙光完全消失。因野蛮人入侵,罗马帝国于 4 世纪末崩溃,人们在基督教主宰下,接受由希伯来传来的宇宙观,认为地球是宇宙的中心,地是平的,立在柱上;地下有孔穴,是死人居住的地方,至于柱子又是立在什么上,他们都不再思考了。天文学和一切科学的发展都受到阻碍。后来阿拉伯的入侵,更毁坏了希腊文化在东方的几个中心城市。公元 640 年亚历山大里亚城被阿拉伯攻破,城内图书馆的许多无价之宝,包括 70 余万卷手稿,全被付之一炬。这是托勒密无论如何也无法预料的。

名句箴言

社会犹如一条船，每个人都要有掌舵的准备。

——易卜生

哥白尼与『日心说』

尼古拉·哥白尼（Copernicus Nicholas），波兰一位伟大的天文学家。他以惊人的天才和勇气揭开了宇宙的秘密，奠定了近代天文学的基础。哥白尼以毕生的精力去进行天文研究，创立了《天体运行论》这一"自然科学的独立宣言"。他的这些成就使他成为人类科学发展历史上最伟大的革命家之一。

哥白尼生平

哥白尼于 1473 年 2 月 19 日出生在波兰西部维斯杜拉河畔托伦城的一个商人家庭。家里兄妹四个,哥白尼是最小的。在他 10 岁时,父亲去世了,舅父卢卡斯承担起了抚育他的重任。

1491～1495 年,哥白尼进入克拉科夫大学学习。克拉科夫是当时波兰的首都,也是东欧最大的贸易和文化中心,有许多国家的留学生在这里学习。由于它地处东西欧交通要塞,所以比较早地受到意大利文艺复兴的影响。因此在这座古老的大学里,新兴的资产阶级人文主义思想和腐朽的封建教会的经院哲学之间展开了激烈的斗争。哥白尼在先进的人文主义思想

哥白尼在思考"日心说"

的熏陶下,在心灵里埋下了向经院哲学挑战的种子。在这里,他遇到了对他的一生产生深远影响的数学家和天文学家布鲁楚斯基(Brudzewski)教授。是这位教授的启蒙教育促使哥白尼决定将自己的一生奉献给天文科学。

1496 年哥白尼前往意大利求学,先后进入博洛尼亚大学、帕多瓦大学和费拉拉大学学习和研究法律、天文学、数学、神学和医学,他同时还学会了希腊文。1503 年,哥白尼获得了教会法规博士学位。

1497 年,哥白尼就任瓦尔半米亚牧师的僧正。1510 年后,他先后从事过管理、外交等工作。他是一个杰出的经济学家,写过《货币的一般理论》一书。他是近代第一个提出劣币淘汰良币理论的经济学家。哥白尼医术高明,他利用业余时间行医,免费为穷苦人治病,是一位颇有名望的医生,被人们誉为"神医"。哥白尼还是一位出色的数学家,他的巨著《天体运行论》附录里,发表过他的球面三角论文。

哥白尼也是一位伟大的爱国主义者,当条顿骑士团疯狂侵略波兰时,他挺身而出,起来保卫自己的祖国。1519 年,条顿骑士团来犯,埃尔门兰德地区的僧侣全给吓跑了,而他却勇敢的组织和领导了奥尔兹丁城的人民奋勇反击侵略者,经过五天五夜的激战,终于打退了敌人的进攻。

尽管哥白尼总是事务繁忙,但他始终保持冷静的头脑,把主要精力放在从事天文学的研究上。1515 年,哥白尼开始写作《天体运行论》一书。1525 年,哥白尼原来的女管家安娜衷心爱上了这位伟大的科学家,她不顾别人的流言蜚语,来到了被教会剥夺了结婚权利的哥白尼身边。由于她的精心照顾和帮助,才使得《天体运行论》一书的写作得以顺利进行。

1543年5月24日,伟大的波兰科学家哥白尼病逝。

"日心地动说"的提出

自古以来,人类就对宇宙的结构不断地进行着思考,早在古希腊时代就有哲学家提出了地球在运动的主张,只是当时缺乏依据,因此没有得到人们的认可。在古代欧洲,亚里士多德和托勒密主张"地心学说",认为地球是静止不动的,其他的星体都围着地球这一宇宙中心旋转。这个学说的提出与基督教《圣经》中关于天堂、人间、地狱的说法刚好互相吻合,处于统治地位的教廷便竭力支持"地心学说"。因而"地心学说"长期居于统治地位。

随着事物的不断发展,天文观测的精确度渐渐提高,人们逐渐发现了"地心学说"的破绽。到文艺复兴运动时期,人们发现托勒密所提出的均轮和本轮的数目竟多达80个左右,这显然是不合理、不科学的。人们期待着能有一种科学的天体系统取代地心说。在这种历史背景下,哥白尼的地动学说应运而生了。

约在1515年前,哥白尼为阐述自己关于天体运动学说的基本思想撰写了篇题为《浅说》的论文,他认为天体运动

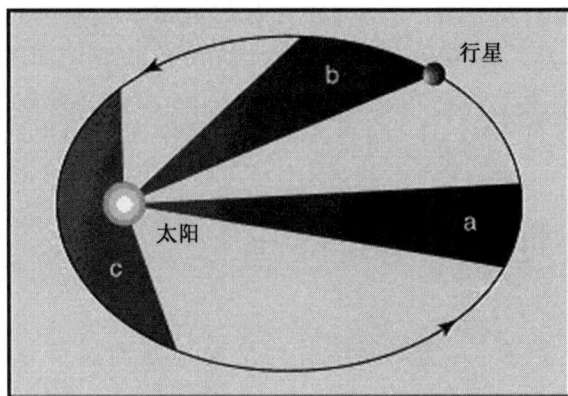

"日心地动说"示意图

必须满足以下七点：

1.不存在一个所有天体轨道或天体的共同的中心；

2.地球只是引力中心和月球轨道的中心，并不是宇宙的中心；

3.所有天体都绕太阳运转，宇宙的中心在太阳附近；

4.日地距离同天穹高度之比，就如同地球半径同日地距离之比一样渺小。地球到太阳的距离同天穹高度之比是微不足道的；

5.在天空中看到的任何运动，都是地球运动引起的；

6.在空中看到的太阳运动的一切现象，都不是它本身运动产生的，而是地球运动引起的。地球带着大气层，像其他行星一样围绕太阳旋转。由此可见，地球同时进行几种运动；

7.人们看到的行星向前和向后运动，是由于地球运动引起的。地球的运动足以解释人们在空中见到的各种现象了。

此外，哥白尼还描述了太阳、月球、三颗外行星（土星、木星和火星）和两颗内行星（金星、水星）的视运动。书中，哥白尼批判了托勒密的理论。科学地阐明了天体运行的现象，推翻了长期以来居于统治地位的地心说，并从根本上否定了基督教关于上帝创造一切的谬论，从而实现了天文学中的根本变革。

《天体运行论》

哥白尼认识到《浅说》中的论断是以假设的方式提出的，且他的模型所用的数据并非亲自观测得出，缺乏可信度。1515 年，哥白尼便开始着手准备撰写《天体运行论》这一更为完整的论著。十几年来，哥白尼进行了大量的天文观测，收集了大批资料，终于在 1533 年完成了这部巨著的初稿，随后，他又长期进行观测、验证、修改，使得他的宇宙体系更具说服力，成为一种科学理论。

《天体运行论》的第一卷是全书

《天体运行论》

的精髓,先后论述了"宇宙是球形""大地也是球形""天体的运动是均匀永恒之圆运动或复合运动"。哥白尼说,"天体的这种旋转运动对于球来说是固有的性质,它反映了球形的特点。球这种形状的特点是简单、没有起点、也没有终点,旋转时不能将各部分相区别。而且球体形状也正是旋转作用本身造成的。"

哥白尼赞同毕达哥拉斯学派的主张,即应当用简明的几何图像来表示宇宙的结构和天体的运行规律。在第一卷的第十章中,哥白尼正确地将行星以及地球绕日运转轨道进行排列,并刊载了他的宇宙模型图。这张我们现在看似普通的天球次序图,在当时却是人类认识宇宙的一次巨大的飞跃。

哥白尼在《天体运行论》中还详细讲解了地球的三种运动(自转、公转、赤纬运动)所引起的一系列现象,岁差现象、月球运动、行星运动及金星、水星的纬度偏离和轨道平面的倾角。《天体运行论》的诞生使当时所知道的太阳系内天体的位置和运动状况更为完整了。

然而,这部伟大著作的出版却经历了一个艰难而曲折的过程。

16世纪30年代初,哥白尼的新理论已开始在欧洲流传,他的朋友们更竭力在意大利高级教会人士中传播他的新理论和观点。他们试图通过这种办法为哥白尼公布自己的学说铺平道路,从而实现当时的科学革命。在众多好友的努力下,红衣主教尼古拉·申伯格对哥白尼的学说产生了巨大的兴趣,他在 1536 年 11 月 1 日给哥白尼写了一封信,想了解哥白尼的学说,信中用肯定态度谈到了"日心学说"中的日、土、月三个天体的位置。然而这位开明的红衣主教在第二年便去世了,没能够成为哥白尼学说的庇护人。

在《天体运行论》完成后,哥白尼却对它的出版犹豫不决了。他担心这部书出版后会遭受到地心说信徒们的攻击,并受到教廷的压制。在朋友和学生的支持鼓励下,经过长期反复的考虑,哥白尼终于决定出版这部著作。1542 年,哥白尼给教皇保罗三世写了一封信,寻求教皇的庇护。他相信教皇将用自己的威严与威望保护他,令他的学说免遭谴责。然而,这一切并没有如他所愿,这封哥白尼用来作为《天体运行论》序言的信却只是起到引子的作用。

1542 年 6 月,《天体运行论》和排印工作开始进行,负责这本书出版事宜的奥西安德尔却按自己的意愿写了一篇没有署名的序言,说明书中的学说只是为了计算星历表之便而采用的假设,不一定和实际情况相符。这也是在《天体运行论》出版后几十年时期内很少有人重视哥白尼理论的一个重要原因。哥白尼的学生雷蒂库斯对此事感到十分愤慨,他曾多次要求著作的出版人发行改正版,但这些要求都未能实现。

　　1543 年 5 月 24 日,弥留之际的哥白尼终于见到刚刚出版的《天体运行论》,可惜当时他已经因为脑出血而双目失明,他只摸了摸书的封面,便与世长辞了。

　　由于哥白尼的学说触犯了基督教的教义,遭到了教会的反对,其著作更是被列为禁书,但真理是封锁不住的,哥白尼的学说得到了许多科学家的继承和发展。1882 年,罗马教皇不得不承认哥白尼的学说是正确的。这一光辉学说经过三个世纪的艰苦斗争,终于获得完全胜利并为社会所承认。

哥白尼的历史地位

　　哥白尼是欧洲文艺复兴时期的一位巨人。他用毕生的精力去研究天文学,为后世留下了宝贵的遗产。由于时代的局限,哥白尼只是把宇宙的中心从地球移到了太阳,并没有放弃宇宙中心论和宇宙有限论。在德国的开普勒总结出行星运动三定律、英国的牛顿发现万有引力定律以后,哥白尼的太阳中心说才更加稳固。从后来的研究结果证明,宇宙空间是无限的,它没有边界,没有形状,因而也就没有中心。虽然哥白尼的观点并不完全正确,但完全正确的是他的理论的提出给人类的宇宙观带来了巨大的变革。

　　恩格斯在《自然辩证法》中对哥白尼的《天体运行论》给

予了高度的评价。他说:"自然科学借以宣布其独立并且好像是重演路德焚烧教谕的革命行动,便是哥白尼那本不朽著作的出版,他用这本书(虽然是胆怯地而且可说是只在临终时)来向自然事物方面的教会权威挑战,从此自然科学便开始从神学中解放出来。"

读书以过目成诵为能，最是不济事。

——郑板桥

名句箴言

开普勒的贡献

开普勒（Johannes Kepler，1571—1630年）德国天文学家、占星学家、数学家。1571年12月27日生于德国斯瓦比亚地区（今联国巴伐利亚州）的维腾堡。其父是陆军军官，母亲是旅馆老板的女儿。1587年开普勒进入蒂宾根大学学习神学和数学，由于受到天文学教授迈克尔·马斯特林的影响而信奉哥白尼的学说。1588 年开普勒获得了学士学位。1591 年获得硕士学位。1594 年他被委派到格拉茨市路德派高级中学任数学教师。此后他致力于天文学研究。他是毕达哥拉斯主义者,这对他的天文学研究产生很大影响。

行星运动三定律

1596 年他的最早关于宇宙论方面的著作《宇宙的秘密》出版。在这本著作中,开普勒以哥白尼学说为依据,提出了利用几何图形描述行星轨道的方法。同时指出了哥白尼的"所有行星都绕太阳做匀速圆周运动"的说法过于粗糙。开普勒的行星轨道法是:在行星轨道之间作正多面体,他认为正好存在 6 颗行星(当时人们只发现了太阳系的 6 颗行星)和 5 个正多面体,因而必然存在着某种数学和谐。经过极其复杂和艰苦的运算,终于找到了所谓哥白尼体系中行星轨道之间的这种数学和谐。

他的这项工作受到了第谷的重视,1598 年开普勒离开德国到了布拉格。应第谷的邀请,开普勒接替了第谷的工作。他们虽然只相处一年多,但第谷的丰富天文观测资料,为开普勒提供了可靠的行星运动轨道的研究依据。1612年开普勒被新国王辞退移居奥地利林茨担任教授,此期间他发表了,《哥白尼系统天文学摘要》,并出版了《鲁道夫星表》。1628年定居于扎尔根,1630年11月15日病逝于累根斯堡,终年59岁。

开普勒的卓越贡献是建立了行星运动三定律,从而奠定了近代物理学的又一重要理论基础。

1609年开普勒在《新天文学》中首先创立了"开普勒第一和第二定律"。

第一定律又称椭圆轨道定律,定律指出:"所有行星分别沿不同大小的椭圆轨道绕太阳运动,太阳处于椭圆的一个焦点上。"

第二定律又称面积定律,定律指出:"在行星运动时,连接行星和太阳的线,在相等的时间内,永远扫过同样大小的面积。"

1619年,开普勒又在《世界的和谐》一文中,提出了第三定律,即周期定律,这一定律是:行星公转周期的平方与它们轨道半长轴的立方成正比。这几个定律也为牛顿发现万有引力定律,提供了理论基础。

开普勒在天文观察中的又一重要贡献是,于1604年9月30日发现了一颗超新星爆发。为纪念他的这一功绩,以他的名字命名了这颗超新星。

开普勒在物理学其他方面，也有很大贡献。他是近代实验光学的奠基人之一。1611 年，他发表了《折光学》一书，阐述了光的折射原理，为折射望远镜的发明奠定了基础。

开普勒对光学的贡献卓著。我们不会忘记伽利略在力学领域中的作用，也就不会忘记开普勒在光学领域中的作用。他根据光从光源以球面辐射出来的现象，提出了光度随距离减弱的平

小孔成像

方反比律。他还对光的折射现象进行了深入研究，提出了有关的定律。他对小孔成像等光学现象，从几何光学角度做了说明。

开普勒的实验光学成果具有重大价值。他对透镜和透镜组的成像问题，做了科学的探讨，最早采用了作图的方法，为光学问题的研究，提供了新的手段。在此基础上，他设计了多种望远镜，如利用两块凸透镜的望远镜等。开普勒还最早从光学角度成功地研究了人的视觉问题，开创了

研究视觉理论的正确道路。他否定了前人认为视觉是由眼睛发射出光的错误观点，提出了物体的光通过眼睛的水晶体，在视网膜上成像的观点。进而，他对近视眼和远视眼的问题，也给予了很好的解释。

　　开普勒对数学的研究也很有造诣。他是实验与理论紧密结合的优秀科学家。

Follow Me!

跟我来！

在天文学上，"日心说"和"地心说"一直是争论不下的话题。公元 2 世纪，希腊人托勒密吸收了欧多克斯和亚里士多德的"地心说"的核心内容，完成了自己的宇宙结构学说，把"地心说"推向了顶峰。他用大大小小 80 个圆周轨道来描述日、月、星辰的运动，取得了成功。运用他的模型能预言行星的运动位置，还能解释行星亮度的变化。因此，他的理论直到文艺复兴时代为止，一直被认为是标准天文学，统治西方天文学竟长达 15 个世纪！

托勒密（公元 90—168 年）是出生在埃及的希腊人，公元 127 年他到亚历山大求学。在那里他学会了天文观察和大地测量。他很重视进行系统的天文观察。托勒密在天文学方面的代表著作是《天文学大成》，共 13 卷。在这部巨著中，他确定了 1 年的时间；给出了计算月食和

托勒密

日食的方法；编制了 1000 多颗恒星的位置表。托勒密创造的宇宙结构说能描述行星的运动和推算他们的位置，但相当复杂，就是在现代，他的理论也只有专业人员才能看懂。

托勒密的"地心说"后被教会所利用，曾被用作迫害自然科学家的工具，一度起到了阻碍科学发展的作用。但这一点跟托勒密本人毫无关系。

16 世纪航海大发展

托勒密在光学方面也有过研究。记录过入射角和相应的折射角的数值，但没有找到折射定律。托勒密在地理方面也有研究。

到了中世纪，西方古代科学开始衰落。直到文艺复兴时代，自然科学重新发展起来。

经典力学是在众多科学家取得的成果的基础上，由牛顿集大成而建立的。它首先是从推翻托勒玫的地心说和批判亚里士多德的一些错误力学观点上拉开序幕的。

15～16世纪，由于地理大发现，促进航海事业急速发展。航海需要精确测定船位，这又推动了天文学的发展。随着天文观察资料的积累，人们提出了托勒玫体系无法回答的新问题。波兰的天文学家哥白尼对天象进行了长期的观测，发现了一些问题，打算修订天文学。为了修订天文学，他读了大量古希腊的哲学著作，希望从中了解古代人们研究天体运动的各种各样的观点，在古人朴素的日心地动观点启发下，他开始考虑地球的运动问题，终于写出了划时代的科学巨著《天体运行论》。在《天体运行论》一书中，哥白尼提出了"日心说"。

哥白尼（1473—1543年）受舅父的影响，他从小酷爱自然科学知识。1491年他进克拉科夫大学和意大利的大学学习。1503年回到波兰。他在工作之余，倾心于天文学的观察、计算和研究，三十年如一日，终于完成了科学巨著《天体运行论》。哥白尼的"日心说"彻底动摇了中世纪宗教世界观的基础，把科学从神学和经院哲学中解放了出来，导致了自然科学的变革。

哥白尼的"日心说"引起了教会的恐慌，教会宣布"日心说"为"邪说"，又把《天体运行论》列为禁书，对哥白尼以及他的支持者进行迫害,许多人被迫害至死,其中意大利著名天文学家布鲁诺因宣传"日心说"被罗马教会活活烧死。

布鲁诺因宣传"日心说"被罗马教会活活烧死

继哥白尼之后,瑞典科学家第谷观察天体的运动,特别是行星的运动,记录了大量的数据。第谷是一个工作十分认真的人,因此他观察记录的数据十分精确。第谷原打算用这些数据重新修订星表,但一直到死都未能如愿。他临死之前,把这些资料交给了他的助手和合作者开普勒。开普勒是一个"日心论"者,而且有很好的数学修养。开普勒精心整理第谷的记录,编制出了当时有史以来最精确的天文表。按第谷的遗愿,这个天文表取名为《鲁道夫天文表》,以表达第谷对奥地利国王鲁道夫的知遇之恩。

　　开普勒在编制天文表的同时,利用第谷观察行星运动记下的数据,研究火星的运动。经过反复的假设、计算论证,终于发现火星绕日运行的轨道是一个椭圆。不久他把这个发现推广到所有当时已知的行星,于1609年提出了以他名字命名的开普勒第一定律、第二定律。开普勒第一定律指出太阳系中所有行星绕日运动的轨道都是一个椭圆。太阳位于这些椭圆的一个焦点上。第二定律指出行星运动时,连接太阳和行星的矢径在相等的时间内扫过的面积都相等。10年之后,开普勒从研究行星运动周期跟轨道参数的相互关系中,又发现第三个定律——行星公转周期的平方跟它们轨道的长轴的立方成正比。开普勒的成就给科学家研究问题的方法提供了一个启示:科学研究工作不能停留在单纯的观察现象、记录数据上,必须对观测得到的数据进行细致的分析、计算,才能找出事物运动的内部规律。

　　他们的发现和科学贡献为经典力学的发展起到了很好的奠基作用。

近代科学之父

名句箴言

你热爱生命吗？那么，别浪费时间，因为时间是组成生命的材料。

——富兰克林

伽利略对力学的研究

伽利略其人

伽利略是伟大的意大利物理学家和天文学家，他开创了以实验事实为基础并具有严密逻辑体系和数学表述形式的近代科学。他为推翻以亚里士多德为旗号的经院哲学对科学的禁锢、改变与加深人类对物质运动和宇宙的科学认识而奋斗了一生,因此被誉为"近代科学之父"。

一、动手动脑,孜孜不倦

伽利略 1564 年 2 月 15 日生于比萨一个乐师和数学家之家,从小爱好机械、数学和音乐、诗画,喜欢做水磨、风车、船舶模型。17 岁时虽遵父命入比萨大学学医,但却不顾教授们反对,独自钻研图书馆中的古籍和进行实验。1582 年冬,托斯卡纳公爵的年轻数学教师里奇允许伽利略旁听,使他进入一个新世界。里奇擅长的应用力学与应用数学及生动的讲课,引导他学习水力学、建筑学和工程技术及实

著名天文学家伽利略

验,伽利略在此期间如饥似渴地读了许多古代数学与哲学书籍,阿基米德的数学与实验相结合的方法使他深受感染,他深情地说:"阿基米德是我的老师。"

二、善于观察,勤于实验

伽利略对周围世界的多种多样运动特别感兴趣,但他

发现"运动的问题这么古老,有意义的研究竟如此可怜。"他的学生维维安尼在《伽利略传》中记叙了1583年19岁的伽利略在比萨大教堂的情景:

"以特有的好奇心和敏锐性,注视悬挂在教堂最顶端的大吊灯的运动——它的摆动时间在沿大弧、中弧和小弧摆动时是否相同。当大吊灯有规律地摆动时,他利用自己脉搏的跳动,和自己擅长并熟练运用的音乐节拍测算,他清楚地得出结论:时间完全一样。他对此仍不满足,回家以后,用两根同样长的线绳各系上一个铅球作自由摆动。他把两个摆拉到偏离竖直线不同的角度,例如30°和10°,然后同时放手。在同伴的协助下,他看到无论沿长弧和短弧摆动,两个摆在同一时间间隔内的摆动次数准确相等。他又另外做了两个相似的摆,只是摆长不同。他发现,短摆摆动300次时,长摆摆动40次(均在大角度情况下),在其他摆动角度(如小角度)下它们各自的摆动次数在同一时间间隔内与大角度时完全相同,并且多次重复仍然如此。他由此得出结论:看来无论对于重物体的快速摆动还是轻物体的慢摆动,空气的阻力几乎不起作用,摆长一定的单摆周期是相同的,与摆幅大小无关。他还看到,摆球的绝对重量或相对比重的大小都引不起周期的明显改变……只要不专门挑选最轻的材料做摆球,否则它会因空气阻力太大而很快静止下来。"

伽利略对偶然机遇下的发现,不但做了多次实测,还考虑到振幅、周期、绳长、阻力、重量、材料等因素,他还利用绳长的调节和标度做成了第一件实用仪器——脉搏计。

1585年因家贫退学,回到佛罗伦萨,担任了家庭教师并努力自学。他从学习阿基米德《论浮体》及杠杆定律和称金冠的故事中得到启示。自己用简单的演示证明了一定质量的物体受到的浮力与物体的形状无关,只与比重有关。他利用纯金、银的重量与体积列表后刻在秤上,用待测合金制品去称量时就能快速读出金银的成色。这种"浮力天平"用于金银交易十分方便。1586年他写了第一篇论文《小天平》记述这一小制作。1589年他又结合数学计算和实验写了关于几种固体重心计算法的论文。这些成就使他于1589年被聘为比萨大学教授,1592年起移居到威尼斯任帕多瓦大学教授,开始了他一生的黄金时代。

在帕多瓦大学,他为了帮助医生测定病人的热度做成了第一个温度计,这是一种开放式的液体温度计,利用带色的水或酒精作为测温物质,这实际上是温度计与气压计的雏形,利用气体的热胀冷缩性质通过含液玻璃管把温度作为一种客观物理量来测量。

伽利略认为:"神奇的艺术蕴藏在琐细和幼稚的事物中,致力于伟大的发明要从最微贱的开始。""我深深懂得,只要一次实验或确证,就足以推翻所有可能的理由。"伽利略不愧是实验科学的奠基人。

三、破除迷信,闯出新路

伽利略认真读过亚里士多德的《物理学》等著作,认为其中许多是错误的。他反对屈从于亚里士多德的权威,嘲笑那些"坚持亚里士多德的一词一句"的书呆子。他认为那些只会背诵别人词句的人不能叫哲学家,而只能叫"记忆学家"或"背诵博士"。他认为,"世界乃是一本打开的活书","真正的哲学是写在那本经常在我们眼前打开着的最伟大的书里,这本书是用各种几何图形和数学文字写成的。"

他从小好问,好与师友争辩。他主张"不要靠老师的威望而是靠争辩"来满足自己理智的要求。他反对一些不合理的传统。例如他在比萨大学任教时就坚决反对教授必须穿长袍的旧规,并在学生中传播反对穿长袍的讽刺诗。他深信哥白

伽利略的实验装置和实验数据笔记

尼学说的正确,他一针见血地笑那些认为天体不变的人,"那些大捧特捧不灭不变的人,只是由于他们渴望永远活下

去和害怕死亡"。

伽利略依靠工匠们的实践经验与数学理论的结合,依靠他自己敏锐的观察和大量的实验成果,通过雄辩和事实,粉碎了教会支持的亚里士多德和托勒密思想体系2000多年来对科学的禁锢,在运动理论方面奠立了科学力学的基石(如速度、加速度的引入,相对性原理、惯性定律、落体定律、摆的等时性、运动叠加原理等),而且闯出了一条实验、逻辑思维与数学理论相结合的新路。

四、热爱科学,传播真理

伽利略在帕多瓦自己的家中开办了一个仪器作坊,成批生产多种科学仪器与工具,并利用它们亲自进行实验。1609年7月,他听说荷兰有人发明了供人玩赏的望远镜后,8月,就根据传闻及折射现象,找到铅管和平凸及平凹透镜,制成第一台3倍望远镜,20天后改进为9倍,并在威尼斯的圣马克广场最高塔楼顶层展出数日,轰动一时。11月,他又制成20倍望远镜并用来观察天象,看到"月明如镜"的月球上竟是凸凹不平,山峦迭起。他还系统观察木星的四颗卫星。1610年他将望远镜放大倍数提高到33倍,同年3月发表《星空信使》一书,总结了他的观察成果并用来有力地驳斥地心说。伽利略发明望远镜可属偶然,但他不断改进设计,成批制造,逐步提高放大倍数,这不是一般学者、工匠或教师所能及的。

伽利略通过望远镜测得太阳黑子的周期性变化与金星的盈亏变化,看到银河中有无数恒星,有力地宣传了"日心说"。

五、时代局限,历史遗案

1615 年伽利略受到敌对势力的控告,他虽几经努力,力图挽回局面,但 1616 年教皇还是下了禁令,禁止他以口头或文字的形式传授或宣传"日心说"。以后伽利略表面上在禁令下生活,实际上写出了《关于托勒密和哥白尼两大世界体系的对话》一书来为哥白尼辩护。该书于 1632 年出版,当年秋伽利略就遭到严刑下的审讯。1633 年 6 月 22 日伽利略被迫在悔过书上签字,随后被终身软禁。在软禁期间他又写了《关于两门新科学的对话与数学证明对话集》一书,该书于 1638 年在荷兰莱顿出版。

伽利略 1642 年 1月 8 日病逝。终年 78 岁。

科学的蓬勃发展早已证实了伽利略的伟大和教会的谬误,1979 年梵蒂冈教皇保罗二世宣布为这一历史判决平反,只

罗马教皇对伽利略审判

是平反来得过迟了。

伽利略的力学研究

　　伽利略的科学研究主要集中在力学和天文学两个方面。伽利略的力学研究,在他的科学活动中占有极为重要的地位。他的理论奠定了经典力学的基础。以后经发展完善,建立了近代经典力学的系统理论。伽利略所建立的摆的定律、惯性定律、落体运动定律,以及对抛体运动的研究和他提出的相对性原理,构成了动力学的主要基础。

　　1638年,伽利略完成了他的力学巨著《关于力学以及地上运动的两个新学科中的对话和数学证明》(《力学对话》)。由于他的著作在意大利被禁止,此书于1638年在荷兰阿姆特丹出版。

　　伽利略所建立的落体运动定律和惯性定律是《力学对话》的重要内容。在比萨大学任教时,伽利略就对亚里士多德的落体观点提出疑问,反对重物比轻物下落要快的传统说法。他通过大量的实验和理论推证,确定了自由落体

“两个铁球同时落地”实验

定律。

　　关于落体问题,传说伽利略曾在比萨塔上当众做落体实验。其实,这个实验最早是著名力学家布鲁日的西蒙·斯台文在 1587 年从二楼窗台上所做的,伽利略当时并不知道此事。伽利略的学生韦韦亚尼于 1654 年出版了他写的《伽利略传》,把这项功绩记到了伽利略头上,并流传至今。

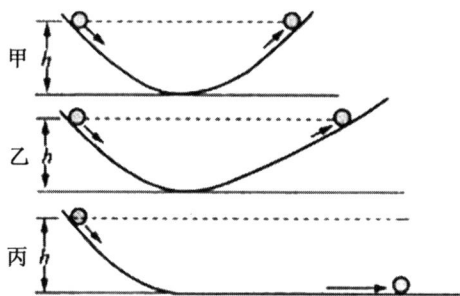

小球滚动实验

　　但是,为了证实自己的落体定律,伽利略也做了大量的实验。伽利略的实验主要是应用小球沿斜坡滚动的方法。小球滚动实验,证实了落体定律,也推出了惯性定律。最后,伽利略得出了物体坠落的路程与它经历的时间平方成正比,而与它的重量无关的结论。

　　伽利略的惯性定律是不完整、不彻底的。他不承认宇宙的无限性,因此认为,无限沿直线的匀速运动是不可能的,只能是沿着地球表面的圆运动。从而他只承认圆惯性运动,而不承认直线惯性运动。

　　在抛体运动的研究方面,伽利略确立了运动的合成原理和独立性原理,他说明了抛体运动始终是两个运动的合成,即固有惯性运动和自由落体运动的合成,从而确立了运动的独立性原则。他在理论上证明了,平抛物体无论射程多远,从抛出到着陆所用时间都等于从抛射点竖直坠落到地面所用的时间,仰角为 45°时射程最远。

　　伽利略的又一重要贡献是建立了运动的相对性原理。相对性原理不仅仅在驳斥亚里士多德的地心说上起到了重要作用,特别是在经典力学的建立过程中,直至对于现代物理学中狭义相对论的建立都起到了理论指导作用。

我们是国家的主人，应该处处为国家着想。

——雷锋

名句箴言

培根和笛卡儿的理论

培根的新科学观

培根是科学史上一个颇有争议的人物。有的科学家认为，他在科学上没有获得任何新的成果，算不上科学家中的一员。的确如此，培根更多的是一个哲学家，用他自己的话来说，他要做的是一个科学上的哥伦布。在科学发展史上,培根是以新唯物主义哲学指导科学发展的主要代表人物,是最早认识到科学的历史意义以及它在人类生活中的重要地位的人。

在培根的巨著《学术的进展》和《学术的伟大复兴》中。培根从哲学原理出发阐述了研究科学的方法问题和一系列有关科学的认识论。

培根反对宗教世界观,他认为经院哲学对科学地研究自然是无用而且有害的,他说经院哲学生殖的不是胎儿,而是抽象空洞、令人厌烦的争论。在培根看来,有四种"幻象"蒙蔽着人们的智慧,即"种

培根

族的幻象"(它存在于人的天性之中,即错误地以为人的感觉是事物的尺度),"洞穴的幻象"(这是由于每个人所特有的原因产生的),"市场的幻象"(这是不确切的语词和概念所造成的混乱),"剧场的幻象"(这是盲目轻信权威和流行的哲学教条而产生的)。培根对这些"幻象"的批判实质上是对经院哲学和迷信权威的否定,他要求人们坚决丢掉这些幻象,完全解放自己的理智。培根的这些观点在 17 世纪

初就像革命的号角,宣告科学应该独立于任何教会的权威之外。

培根认为,经验、实验是真理的来源和检验标准。但是他认为那种简单的、自流的经验是不行的,真正的经验方法是从经过适当安排和消化的经验开始,由此导出公理来,进而又从公理导出新的实验。就是说,必须利用一定的工具和装备,按照确定的程序,有规则地进行的实验,才能成为科学知识的可贵源泉,因为这种实验对自然事物有主动作用的性质,它能使自然事物发生变化,从而暴露出自身隐蔽的方面,引起人们的注意,并引导出确切的结论。培根把这类实验称为"光明的实验",认为它不管结果如何,都会使自然事物的因果关系得到某些肯定和否定的澄清。

培根指出,必须防止草率的归纳,不允许使理智从特殊的事例一下子跳到遥远的公理和最高的普遍原则上去,而应该根据正当的阶梯和连续的步骤,从特殊的事例上升到较低的公理,然后上升到较高的中间公理,最后再上升到最普遍的公理。所以他写道:"决不能给理智加上翅膀,而宁愿给它挂上重的东西,使它不会跳跃和飞翔。"

培根给出了归纳的三种方法。在把大量事实搜集起来的基础上,首先要把有关某一现象所有的"正面事例"即"积极的例证"列举出来,如在考察热的性质时,太阳光、火焰、摩擦生热等就是这种事例;然后,还要把"反面事例",如热不存在于月光与水中,列举出来;最后,还要进行"程度的比较",如由于运动的强弱而产生不同程度的热等等。在进行了上述几种工作之后,就可以提出不同的假说,并进一步通过实验做出选择和修正,最后得出科学的结论。培根就是利用这种经验归纳法,得出了热的本质就是运动的结论。

不过,培根也没有否定理性思维对于增加知识的可能性。培根对三段论的批判,并不是对逻辑方法本身的否定,而是由于经院哲学家们把那些杜撰的概念和观点作为出发点,这些概念和观点都不是通过经验从现实中抽象出来的。

笛卡儿

培根的新科学观引导并开拓了当时无数科学家认识世界的思路,对科学的健康发展起到了不可磨灭的作用。在英国皇家学会的奠基人眼里,培根是新科学方法论的先知。

笛卡儿的怀疑哲学

笛卡儿是继培根之后,继续向经院哲学展开猛烈进攻的一个坚强斗士。

　　笛卡儿反对信仰先于知识的宗教教义,认为必须创立为实践服务的世俗科学来代替经院哲学。他认为,借助这种科学,人们才能"充分利用一切可利用的力量,才能成为自然的主人和统治者。"

　　笛卡儿强调科学的目的在于造福人类,使人成为自然界的主人和统治者。他反对经院哲学和神学,提出怀疑一切的"怀疑原则",作为反对那些被信以为真,但又毫无根据的原理,创立真正的科学的出发点。他坚决主张,必须怀疑包括经院哲学伪学说、自然

笛卡儿在研究哲学

科学材料和感官的证据在内的那些过去被当作真理的一切东西,一切从头开始,从最基本的东西开始。他指出,这种怀疑不是目的本身,而只是一种方法,其任务是保证认识的基础绝对可靠和没有错误。笛卡儿的"怀疑原则"在当时和

对后来的科学发展,都起到了解放思想、激励创造精神的积极作用。

笛卡儿赞同培根关于实验的观点,他也认为"实验给我们提供了原始前提的必要素材,它还能检验我们所引出的结论的正确性。"

笛卡儿从与培根不同的方面发展了自然科学的方法论。在1637年出版的《方法论》中,他提出了他的唯理论学说。他认为,在认识真理的过程中,起主要作用的不是经验,而是理论思维,即理性;理性不仅和感性知觉相比是认识世界的最高阶段,而且也是感官所不能直接感受到的、一切知识的独立的、不依赖于感性的源泉。笛卡儿对物理学中发展起来的数学方法很向往,认为一切科学都应该按照数学的样子建立起来,把理论思维作为知识的出发点。他认为,真理的不可缺少的标志,是思维的明确和清晰,是由"理性直觉"到的没有任何要疑之处的观念的自明性,而且这种自明性是不需要经验和逻辑证据的。他深信,从不容怀疑的和明晰确切的原理出发,通过逻辑的途径和类似的数学的方法进行论证,就可以把自然界的一切显著特征演绎出来,得出科学的结论。

笛卡儿还提出了"我思故我在"的原则,强调不能怀疑以思维为其属性的独立的精神实体的存在,并论证了以广延为其属性的独立物质实体的存在。

笛卡儿的自然哲学观点与亚里士多德的学说是完全对立的。他认为所有物质的东西，都是为同一机械规律所支配的机器，甚至人体也是如此。同时他又认为，除了机械的世界以外，还有一个精神世界的存在，这种二元论的观点后来成为了欧洲人的根本思想方法。

笛卡儿的力学研究

笛卡儿的哲学观点是唯心主义的，他不是动力学观念的拥护者，他在研究物理问题时所使用的主要方法也不是经验和实验。他把运动的终极原因归于上帝，并从此得出了运动量守恒的结论。

在《哲学原理》的第二章中笛卡儿写道："完全有理由假定，上帝在创造物质的时候，就赋予物质各部分以不同的运动，而且使所有物质保持创造出来的那个时候所处的方式和状态。所以，上帝也就使这些物质保持着原来的运动的量。"把上帝这个观念作为论证的出发点当然是错误的，但是，笛卡

笛卡儿在研究力学

儿这一运动量守恒的思想却是极重要和深刻的。

在另一段中,他解释了他所说的"运动量"的含义:"物质有一定的量的运动,这个量是从来不增加也从来不减少的。虽然在物质的某些部分中有时候有所增减。就是这个缘故,当一部分物质以两倍于另一部分物质的速度运动,另一部分物质却大于这一部分物质两倍时,我们应该认为这两部分的物质具有等量的运动,并且认为每当一个部分的运动减少时,另一部分的运动就相应的增加。"从这里可以看出,笛卡儿所说的"物质"实际上是"质量",虽然他没有给这个概念以明确的定义。

笛卡儿是把动量(质量和速度的乘积)作为运动的量度的,他所表述的实际上是动量守恒的思想。

笛卡儿认为虽然运动量守恒是一条根本规律,然而它还不能确定自然事物发生的过程,还有三条第二级的定律在起作用。

第一条定律是说,如果没有外界的作用,任何物质粒子的状态(包括它的大小、形状、位置或运动)不会有任何变化,根据这同一思想。他很自然的提出了他的第二条定律:"运动的本质是:如果物体处在运动之中,那么如果没有其他原因作用的话,它将继续以同一速度在同一直线方向上运动,既不停下也不偏离原来的方向。"这是准确的惯性定律的表述是第一次提出了近代的惯性原理。

笛卡儿否定真空的存在,因而也反对超距作用的观点,他把物体间的一切相互作用都归结为挤压和碰撞。关于碰撞的研究在他的物理学中占有重要的地位。

他的第三条定律就是关于碰撞的,并且是以运动量守恒原理作为指导原则而提出的。这个定律指出:"一个沿直线运动的物体,不可能使一个处于静止状态但具有更大

笛卡儿在总结经验

质量的物体运动起来;然而由于总动量是不变的,这个运动的物体在碰撞之后将保持它原来的速度而沿其他方向继续运动。如果运动物体的质量大于静止的那个物体的质量,它就能够带动后者一起运动,它所失掉的那部分运动(动量)恰恰等于第二个物体所获得的运动(动量)。"

笛卡儿总结了以下七条具体的碰撞规律:

1.两个以大小相等、方向相反的速度碰撞的同样的物体,在碰撞后交换速度;

2.如果物体 A 比物体 B 大得多,那么碰撞后它们以相同的速度沿 A 原来的方向运动;

3.如果物体 A 和物体 B 大小相等,但 A 的速度大,那么 A 把超过 B 的速度的一半传给 B;

4.如果物体 B 大于物体 A(即使大得不多),而且物体 B 静止,则碰撞时物体 A 将不能推动物体 B,而自己反弹回去;

5.如果物体 A 大于物体 B,且 B 静止,则无论 A 的速度多么小,都将推动 B 沿着自己运动的方向以同样的速度运动,其中物体 A 将把与物体 B 相应的部分运动传给 B;

6.如果两物体相等,且物体 B 静止,则 B 将部分地被推动,A 也部分地被弹回。如果 A 的速度为 4,则 A 留其 3,B 得其 1;

7.如果物体 B 大于物体 A,而 A 的速度大于 B 的速度,运动方向相同,则可能有三种情况:

①若两物体质量之差小于两速度之差,则 A 将传给 B 一部分运动;

②若两物体质量之关大于两速度之差,则 A 反弹回来,不传递运动;

③若两物体质量之差大于两速度之差,则 A 传给 B 一部分运动,而自己以剩余的运动反弹回来。

从现在的角度来看,上述的七条规律很像中学物理上的判断题,可惜的是除第一条适于完全弹性碰撞,第五条适于完全非弹性碰撞外,其余都是错误的。

Follow Me!

跟我来！

亚里士多德的"重物比轻物下落得快,力是维持物体运动的原因"等观点,一直被人们深信不疑。一直到1586年比利时的力学家西蒙·斯台文在他的著作中对这些结论提出了异议。后来伽利略也研究落体问题,他首先

略曾经在这座斜塔上做"两个铁球同时落地"的实验

从逻辑推理上批驳了亚里士多德的观点。伽利略指出，一块轻的物体和一块重的物体同时下落，按亚里士多德的观点，应该重的物体下落得快。那么，把这两块物体

伽利略在解释其观察结论

放在一起下落，由于两块物体放在一起比原来的任何一个物体都重。因此，它应该比原来的两个物体落得都更

快。但另一方面,重的物体要受到落得慢的轻的物体的拖累,它应该比原来重的物体单独下落时慢一点,这岂不矛盾?

伽利略又通过著名的斜面实验,得出了物体在真空中做自由落体运动时,下落的快慢都一样。在这个实验中,伽利略提出了加速度的概念。接着伽利略又设计了将两个光滑斜面对接起来的理想实验,推理出物体运动并不需要外力维持的结论。

伽利略对物理规律的论证过程是:一般观察—假说—数学分析、推论—实验验证,这种论证思想方法为后人揭开物理学的各种规律提供了范例。

伽利略是"日心论"者,为了解释为什么人在地球上住,却感觉不到地球在动的问题,他提出了力学相对性原理。即在惯性系中做任何力学实验都无法测定惯性系运动的速度。伽利略的这些工作为经典力学的形成打下了基础。

1609年末到1610年初,伽利略利用他自己设计、制造的望远镜观察天体,发现月球的表面并不光滑,有山峰有海,发现木星有卫星。他观察到太阳有黑子,金星有盈亏,土星有光环。望远镜帮助伽利略打开了宇宙的大门,但也给伽利略带来了巨大的灾难。因为他根据这些发现所发表的言论都跟教义相违背,从而触犯了教规,终于被罗马宗教法庭判定为终身监禁。

1979 年 11 月 10 日,罗马教皇在公开集会上正式承认:伽利略在 17 世纪 30 年代受到教廷的审判是不公正的。经历 300 多年之后,伽利略的冤案终于得到了昭雪。

研究钟摆的科学家

名句箴言

人生的价值，并不是用时间，而是用深度量去衡量的。

——列夫·托尔斯泰

惠更斯其人

惠更斯（christiaan Huygens，1629—1695 年）荷兰物理学家、天文学家、数学家、他是介于伽利略与牛顿之间一位重要的物理学先驱。他对力学的发展和光学的研究都有杰出的贡献，在数学和天文学方面也有卓越的成就，是近代自然科学的一位重要开拓者。他建立向心力定律，提出动量守恒原理,改进了计时器。

1629 年 4 月 14 日出生于海牙。惠更斯自幼聪明好学,思想敏捷,多才多艺,13 岁时就自制一架车床,并受到当时成名人的笛卡儿的直接指导,父亲曾亲热地叫他为"我的阿基米德"。16 岁时进莱顿大学攻读法律和数学,两年后转入布雷达大学,1655 年获法学博士学位,随即访问巴黎,在那里开始了他重要的科学生涯。1663 年访问英国,并成为刚建不久的皇家学会会员。1666 年,应路易十四邀请任刚建立的法国科学院院士。惠更斯体弱多病,全身心献给科学事业,终生未婚。1695 年 7 月 8 日逝于海牙。

他最早取得成果的是数学,他研究过包络线、二次曲线、曲线求长法,他发现悬链线(摆线)与抛物线的区别,他是概率论的创始人。

惠更斯

对摆的研究是惠更斯所完成的最出色的物理学工作。多少世纪以来,时间测量始终是摆在人类面前的一个难题。当时的计时装置诸如日晷、沙漏等均不能在原理上保持精确。直到伽利略发现了摆的等时性,惠更斯进一步确证了单摆振动的等时性并把它用于计时器上,制成了世界上第一架计时摆钟。这架摆钟由大小、形状不同的一些齿轮组成,利用重锤作单摆的摆锤,由于摆锤可以调节,计时就比较准确。人类从此进入一个新的计时时代。在他随后出版的《摆钟论》一书中,惠更斯详细地介绍了制作有摆自鸣钟的工艺,还分析了钟摆的摆动过程及特性,首次引进了"摆动中心"的概念。他指出,任一形状的物体在重力作用下绕一水平轴摆动时,可以将它的质量看成集中在悬挂点到重心之连线上的某一点,以将复杂形体的摆动简化为较简单的单摆运动来研究。

在研制摆钟时,惠更斯还进一步研究了单摆运动,他制作了一个秒摆(周期为 2 秒的单摆),导出了单摆的运动公式。在精确地取摆长为 3.0565 英尺时,他算出了重力加速度为 9.8 米/秒^2。这一数值与现在我们使用的数值是完全一致的。

后来,惠更斯和胡克还各自发现了螺旋式弹簧丝的振荡等时性,这为近代游丝怀表和手表的发明创造了条件。

在古代和中世纪的漫长岁月里,光是哲学家和自然科学家十分关心的问题。

到了 17 世纪,科学家们对光学现象进行了研究,他们通过出色的实验工作,奠定了近代物理学的基础。这个时期,曾经发生了一场关于光的本性问题的讨论。

　　惠更斯在巴黎工作期间曾致力于光学的研究。1678年,他在法国科学院的一次演讲中公开反对了牛顿的光的微粒说。他说,如果光是微粒性的,那么光在交叉时就会因发生碰撞而改变方向。可当时人们并没有发现这现象,而且利用微粒说解释折射现象,将得到与实际相矛盾的结果。因此,惠更斯在 1690 年出版的《光论》一书中正式提出了光的波动说,建立了著名的惠更斯原理。在此原理基础上,他推翻出了光的反射和折射定律,圆满的解释了光速在光密介质中减小的原因,同时还解释了光进入冰洲石所产生的双折射现象,认为这是由于冰洲石分子微粒为椭圆形所致。

　　惠更斯原理是近代光学的一个重要基本理论。但它虽然可以预料光的衍射现象的存在,却不能对这些现象作出解释,也就是它可以确定光波的传播方向,而不能确定沿不同方向传播的振动的振幅。因此,惠更斯原理是人类对光学现象的一个近似的认识。直到后来,菲涅耳对惠更斯的光学理论作了发展和补充,创立了"惠更斯－菲涅耳原理",才较好地解释了衍射现象,完成了光的波动说的全部理论。

　　在力学方面的研究,惠更斯是以伽利略所创建的基础为出发点的。在《论摆钟》一书中还论述了关于碰撞的问题。大约在 1669 年,惠更斯就已经提出解决了碰撞问题的一个法则——"活力"守恒原理,它成为能量守恒的先驱。惠更斯继承了伽利略的单摆振动理论,并在此基础上进一步研究。他把几何学带进了力学领域,用令人钦佩的方法处理力学问题,得到了人们的充分肯定。

名句箴言

我们为祖国服务，也不能都采用同一方式，每个人应该按照资禀，各尽所能。

——歌德

惠更斯及碰撞研究

惠更斯是荷兰最著名的物理学家，他是英国皇家学会第一个外籍会员，是法国科学院唯一的外籍院士。他在物理学、数学和天文学方面他都有非常的贡献，是近代自然科学的重要开拓者之一。

惠更斯对完全弹性碰撞作了相当详尽的研究，提出了自己的碰撞理论。

他的理论是以下述三个假设（公理）作为基础的：

（1）"运动起来的物体，在未受到阻碍作用时，将以不变的速度沿直线继续运动"。

（2）"两个具有相同质量的物体，以相同的速度相向作对心碰撞后，两者都以相同的速度向相反方向运动。"

（3）"物体的运动以及它们的速度，必须看作是相对于另一些我们以为是静止的物体而言的，而不必考虑这些物体是否还参与另外的共同运动。因此，当两个物体相碰撞时，即使它们同时参与另一匀速运动，在也具有这个共同运动的观察者看来，两个物体的相互作用就好像不存在这个共同运动一样。"

根据这些假设，惠更斯做出断言：两个质量相同并以相同的速度相向运动的物体，在发生刚性的对心碰撞之后，都保留碰撞前的速度而相互弹开。这个结论被实验所证实了。

惠更斯进一步研究了两个质量相同的物体以不同的速度发生对心碰撞的情形。这里，他独具匠心地运用了相对性原理：想象一个人在以速度 U 做匀速运动的船上，用吊起的两个相同的钢球作碰撞实验。对船而言，两球以同样的速度 V 相接近而碰撞。根据假设（3），船上的人所看到的就是上面所说的那种最简单的碰撞，在碰撞后（对船而言）两球将保持碰撞前的速度而被弹开，这个过程对于站在岸上的人来说这两个球是以不同的速度（V ＋ U）和（V － U）相向碰撞的，碰撞后两球的速度分别变为(V − U)和(V + U)。于是就可以得出结论：两个相同的球以不同的速度发生对心碰撞后，将彼此交换速度。惠更斯还指出，这种情形的一个特例是：一个静止的球同一个质量相同的运动着的球碰撞后，后者立即停止，而原来静止的球则获得这一个速度前进。

最一般的情形是两个质量不同、运动速度也不同的刚性球的对心碰撞。惠更斯从一个特例，即两球的速度 V_1，V_2 和它们的质量 M_1，M_2 成反比的情况入手，再次采用假设（3），得出了最一般情况下碰撞后的速度。

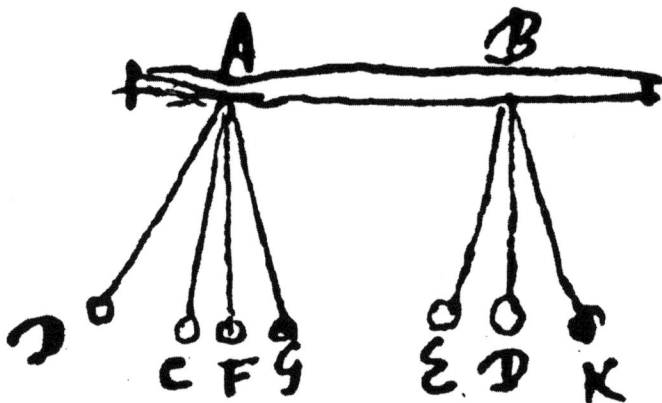

惠更斯研究碰撞问题时的简单实验

特别值得指出的是，惠更斯在碰撞过程的研究中得出了许多重要的机械运动原理。他认为："两个物体所具有的运动量在碰撞中都可以增多或减少，但是它们的量值在同一个方向的总和却保持不变，如果减去反方向的运动量的话。"他还指出:"两个,三个或任意多个物体的共同重心,在碰撞前后总是朝着同一方向做匀速直线运动。"这是很完善的动量守恒律的表述。惠更斯既看到了动量数值的变化,又强调了方向的问题,实际上是把适量概念引进了物理学,从而为牛顿运动定律的提出和适量力学的建立作了概念的准备,这是物理学思想的一个重大进步。在另一个定理中,惠更斯认为:"在两个物体的碰撞中,它们的质量和速度平方乘积的总和,在碰撞前后保持不变。"这就是完全弹性碰撞中机械能守恒定律的具体表现,后来在一个长时期内被称为"活力守恒"。

碰撞问题的研究和动量守恒原理的发现,为建立作用和反作用准备了一定的条件,从而完成了伽利略以来为建立力学体系而作的奠基性工作。

惠更斯的《关于论碰撞作用下物体的运动》的论文在当时没有公开发表,在他 1703 年逝世后遗稿才被人发现。

Follow Me!

跟我来!

惠更斯是以伽利略所创建的基础为出发点,大力发展了单摆振动理论,并把几何学引入力的研究。力学发展的新阶段是从牛顿开始的,牛顿系统地总结了伽利略、惠更斯和开普勒等人的工作,得出了牛顿运动三定律和万有引力定律。牛顿在 1687 年出版的《自然哲学数学原理》这部经典著作中,从力学的基本概念和基本定律出发,利用他所发明的微积分这一数学工具,把天体力学和地面上的力学统一起来,创立了现代的经典力学。

土星环

惠更斯在天文学方面有着很大的贡献。他把大量的精力放在了研制和改进光学仪器上。当惠更斯还在荷兰的时候,就曾和他的哥哥一起以前所未有的精度成功地设计和磨制出了望远镜的透镜,进而改良了开普勒的望远镜。惠更斯利用自己研制的望远镜进行了大量的天文观测。因此,他得到的报酬是解开了一个由来已久的天文学之谜。伽利略曾通过望远镜观察过土星,他发现了"土星有耳朵",后来又发现了土星的"耳朵"消失了。伽利略以后的科学家对此问题也进行过研究,但都未得要领。"土

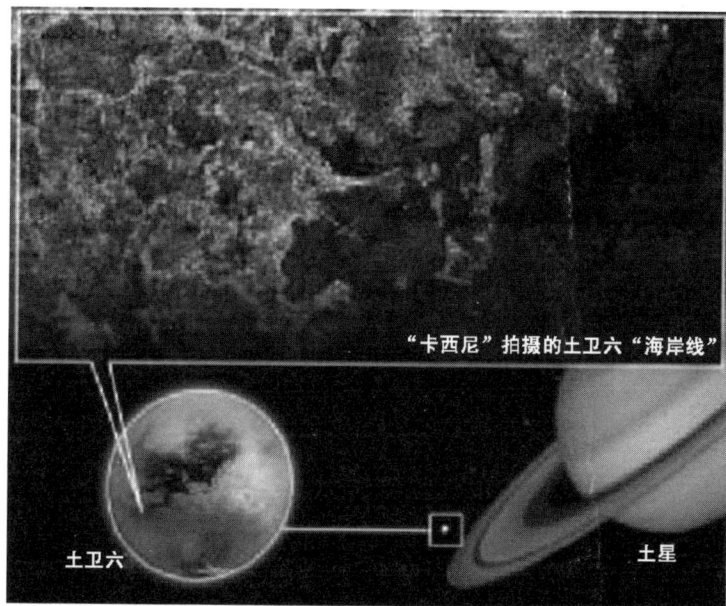

"卡西尼"拍摄的土卫六"海岸线"

土卫六　　　　　　　　　　　　土星

土卫六

星怪现象"成为了天文学上的一个谜。当惠更斯将自己改良的望远镜对准这颗行星时,他发现了在土星的旁边有一个薄而平的圆环,而且它很倾向地球公转的轨道平面。伽

利略发现的"土星耳朵"消失，是由于土星的环有时候看上去呈现线状。以后惠更斯又发现了土星的卫星——土卫六，并且还观测到了猎户座星云、火星极冠等。

经典力学的最终创立

名句箴言

如果说我比笛卡儿看得远，那是因为我站在巨人肩上的缘故。

——牛顿

万有引力定律的发现

万有引力定律的发现是近代经典物理学发展的必然结果。科学史上普遍认为，这一成果应该归功于伟大的牛顿。但是，其他杰出的科学家如胡克、哈雷等在这一方面也做出了非常重要的贡献。但与牛顿相比，他们的观点和研究方法总是存在着这样或那样的缺陷，最终与跨时代的科学发现失之交臂。

早在 1661 年，就已觉察到引力和地球上物体的重力有同样的本质。1662 年和 1666 年，他曾在山顶上和矿井下用测定摆的周期的方法做实验，企图找出物体的重量随离地心距离而变化的关系，但没有得出结果，在 1674 年的一次演讲"证明地球周年运动的尝试"

胡克

中，他提出要在一致的力学原则的基础上建立一个宇宙学说，为此提出了以下三个假设："第一，据我们在地球上的观察可知，一切天体都具有倾向其中心的吸引力，它不仅吸引其本身各部分，并且还吸引其作用范围内的其他天体。因此，不仅太阳和月亮对地球的形状和运动产生影响，而且地球对太阳和月亮同样也有影响，连水星、金星、火星和木星对地球的运动都有影响。第二，凡是正在作简单直线运动的任何天体，在没有受到其他作用力使其沿着椭圆轨道、圆周或复杂的曲线运动之前，它将继续保持直线运动不变。第三，受到吸引力作用的物体，越靠近吸引中心，其吸引力也越大。至于此力在什么程度上依赖于距离的问题，在实验中我还未解决。一旦知道了这一关系，天文学家就很容易解决天体运动的规律了。"

胡克首先使用了"万有引力"这个词。他在这里提出的这三条假设，实际上已包含了有关万有引力的一切问题，所缺乏的只是定量的表述和论证。但是，胡克缺乏深厚的数学基础和敏捷的逻辑思维能力。他错误的认为，目前需要的是更加准确的实验数据，而没有想到精确的测量结果已经包含在了开普勒的实验记录中。

1680年1月6日，胡克在给的一封信中，提出了引力反比于距离的平方的猜测，并问道，如果是这样，行星的轨道将是什么形状。1684年，在胡克和爱德蒙·哈雷、克里斯多夫·伦恩等人的一次聚会中，又提出了推动这一研究的问题。伦恩提出了一笔奖金，条件是

英国天文学家哈雷

要在两个月内完成这样的证明：从平方反比关系得到椭圆轨道的结果。胡克声言他已完成了这一证明，但他要等待别人的努力都失败后才肯把自己的证明公布出来。哈雷经过反

复思考,最后于 1684 年 8 月专程到剑桥大学向当时已有些名望的牛顿求教。牛顿说他早已完成了这一证明,但当时没有找到这份手稿;在 1684 年底牛顿将重新做出的证明寄给了哈雷。在哈雷的热情劝告和资助下,1687 年,牛顿出版了他的名著《自然哲学之数学原理》,公布了他的研究成果。

从《原理》中可以看出,牛顿首先是从猜测和直觉开始他关于引力的思考的。他看到,在地面上很高的地方,重力并没有明显的减弱,那么它是否也可以到达月球呢?如果月球也受到重力的作用,就可能是这个原因使它保持着球绕赤道的轨道运动。

牛顿指出,月球可以由于重力或者其他力的作用,使它偏离直线运动而偏向地球,形成绕转运动,"如果没有这样一种力的作用,月球就不能保持在它的轨道上运行。"但是,迫使月球作轨道运动的向心力与地面上物体所受的重力到底是否有同一本质呢?在《原理》中,牛顿提出了一个思想实验,设想有一个小月球很靠近地球,以至于几乎触及到地球上最高的山顶,那么使它保持轨道运动的向心力当然就等于它在山处所受的重力。这时如果小月球突然失去了运动,它就如同山处的物体一样以相同的速度下落。如果它所受的向心力并不是重力,那么它就将在这两种力的作用下以更大的速度下落,这是与我们的经验不符合的。可见重物的重力和月球的向心力,必然是出于同一个原因。因此使月球保持在它轨道的力就是我们通常为重力的那个力。

进一步深入,牛顿根据惠更斯的向心力公式和开普勒的三个定律推导了平方反比关系。牛顿还反过来证明了,如果物体所受的力指向一点而且遵从平方反比关系,则物体的轨道是圆锥曲线——椭圆,抛物线或双曲线,这就推广了开普勒的结论。在原理中牛顿同磁力作用相类比,得出这些指向物体的力应与这些物体的性质和量有关,从而把质量引进了万有引力定律。

牛顿把他在月球方面得到的结果推广到行星的运动上去,并进一步得出所有物体之间万有引力都在起作用的结论。这个引力同相互吸引的物体质量成正比,同它们之间的距离的平方成正比。牛顿根据这个定律建立了天体力学的严密的数学理论, 从而把天体的运动纳入根据地面上的实验得出的力学原理之中,这是人类认识史上的一个重大的飞跃。

名句箴言

人只有献身社会，才能找出那实际上是短暂而有风险的生命的意义。

——爱因斯坦

经典力学理论基础

牛顿在剑桥工作的 25 年中写下了许多论文和著作，其中包括《自然哲学之数学原理》，但牛顿把很多论文锁在抽屉里，并没拿出去发表，有些发表的文章，是被他的朋友们发现，在朋友们的催促下才发表的。

牛顿在数学上的贡献也十分巨大。他跟德国数学家莱布尼茨分别独立地创建了微积分学,借助于这种新的数学分析方法,力学和数学都出现了辉煌的成就。

尽管牛顿取得如此巨大的成就,但在他评价自己的科学成就时却说:"我好像是站在海滨上玩耍的孩子,时而拾到几块莹洁的石子,时而拾到几片美丽的贝壳并为之欢欣。那浩瀚的真理海洋仍然在我的前面未被发现。"牛顿认为他所以能登上科学的高峰,"那是由于我站在巨人们的肩上的缘故。"

牛顿的万有引力定律公布后,一开始并没有被许多科学家所接受。在天文观察中发现,行星的运行轨道跟用牛顿万有引力定律计算得到的数值总有些差距,特别是哈雷发现,多年来木星一直在有规则地加速,土星则在减速。这个现象能用万有引力定律解释吗?后经许多科学家努力,才搞清这个问题,原来并非总是木星在加速,土星在减速,而是经过很长一段时间后情况刚好倒过来。1784 年拉普拉斯通过用万有引力定律计算,指出这是木星和土星的相互作用,产生了930 年这样长的周期性运动。由于拉普拉斯这一成就,使万有引力定律得到了有力的验证,也使牛顿力学摆脱了最严重的危机。

1844 年,亚当斯研究当时太阳系中最边缘的天王星的观测资料时,发现观测位置和用万有引力定律计算得到的位置有偏差。亚当斯想到这可能是由于天王星之外还有一颗当时未知的行星对天王星作用的结果。亚当斯克服重重困难，于1845年10月计算得出了这颗新行星的位置，并将此报告分别送给了当时的格林尼治天文台台长艾里和剑桥大学天文台台长查理士，但没有引起他们的重视。后来德国天文学家伽勒根据法国勒威耶的计算找到了这颗新行星——海王星。用类似的办法，人们又找出了冥王星。至此万有引力定律才被科学家公认。

海王星

冥王星

继牛顿在质点动力学方面取得成就之后，俄国数学家欧勒提出了质点及刚体运动的一般微分方程；法国科学家达朗贝尔提出了达朗贝尔原理，这个原理有可能把动力学问题化为平衡问题来处理；拉格朗日建立了虚功原理的普遍形式，并与达朗贝尔原理相结合，提出了广义坐标动力学。这些科学家的贡献为经典力学逐步向一门严密而完整的科学发展奠定了基础。

经典力学所取得的辉煌成果，以致 19 世纪末叶，不少科学家错误地认为一切自然现象都可以用力学概念和定律来说明，这就形成了哲学上机械唯物论的观点。

名句箴言

成名的艺术家反为盛名所拘束，所以他们最早的作品往往是最好的。

——贝多芬

经典力学体系建立

在科学史上占重要地位的《自然哲学之数学原理》的出版标志着经典力学体系的建立。

1687 年，牛顿出版了他的名著《自然哲学之数学原理》（简称《原理》）。这本书是牛顿的代表作，也是力学的一部经典著作。

《原理》共有两大部分，第一部分

包括"定义和注释"和"运动的基本定理或定律",这部分虽然篇幅不大却极为重要。牛顿依照欧几里得的方法,首先提出了定义和公理,为建立力学的逻辑体系提供前提。第二部分是这些基本定律的应用,共包括三编。

在"定义和注释"中,牛顿共提出八个定义和四个注释。

"定义1:物质的量是用它的密度和体积一起来量度的。"

"定义2:运动的量是用它的速度和质量一起来量度的。"

"定义3:所谓物质固有的力,是每个物体按其一定的量而存在于其中的一种抵抗能力,在这种力的作用下物体保持其原来的静止状态或者在一直线上等速运动的状态。"

"定义4:外加力是一种为了改变一个物体的静止或等速直线运动状态而加于其上的作用力。"

其余四个定义是关于向心力的。牛顿强调指出:"我在这里只想为这些力给出其数学概念,而不考虑它们的物理根源及其所处的位置。"可以看出,牛顿只是把力视作描述物体之间朴素作用的数学工具。在他看来,力只是物体作用过程中的一种表现。

在"注释"中,牛顿阐明了自己的时空观以及他的相对运动和绝对运动的观点。他认为,虽然自然界里"可能没有一个真正静止的物体可以作为其他物体的处所和运动的参考",在自然界里观察到的运动都是具有相对性的,但是他认为:

　　"在哲学探讨中,我们应该把它们从我们的感觉中抽出来,考虑事物本身";

　　"绝对的、真正的和数学的时间自身在流逝着,而且由于其本性而在均匀地、与任何其他外界事物无关地流逝着";

　　"绝对的空间,就其本性而言,是与外界任何事物无关而永远是相同的和不动的";

　　"处所是物体所占空间的部分,因而像空间一样,它也有绝对和相对之分";

　　"绝对运动是一个物体从某一绝对的处所向另一绝对的处所的移动";

　　"真正的、绝对的静止,是指这一物体继续保持在不动的空间中的同一个部分而不动";

　　在"运动的基本定理或定律"中,牛顿总结出了机械运动的三个基本定律。

　　定律1:每个物体继续保持其静止或沿一直线作等速运动的状态,除非有力加于其上迫使它改变这种状态。

　　定律2:运动的改变和所加的动力成正比,并且发生在所加的力的那个直线方向上。

　　定律3:每一个作用总是有一个相等的反作用和它相对抗;或者说,两物体彼此之间的相互作用永远相等,并且各自指向其对方。

　　这就是著名的牛顿三定律。

《原理》第二部分的第一编是讨论万有引力定律和行星运动的。除前面已引述过的内容外,这一编中还提示了向心力场的保守性,全面地研究了有心运动问题,其中包括物体运动问题以及对月球运动理论有基础性作用的两个较小物体围绕一个很大的物体在共同平面内运行的问题。在最后一章中,牛顿阐明了牛顿光学的力学原理,提出为了解释光的折射现象,应假设光在密媒质中的速度比在疏媒质中的速度大。

第二编讨论了物体在有阻力的介质中的运动。包括了在与速度相关的阻力作用下的运动,流体静力学和流体动力学问题,液体和弹性介质中波的传播问题以及漩涡运动的规律等。在这些问题的论述中表现出牛顿的巨大创造性。

第三编总题目是"论宇宙系统",是万有引力理论在天体运动上的应用,其中包括行星围绕太阳的运动,卫星围绕行星的运动,地面上物体的降落运动和抛射运动,彗星轨道的确定,岁差以及潮汐现象等等。这一编是牛顿建立宇宙体系的学说,它结束了为新宇宙观的确立而进行的斗争的一个阶段。

牛顿第一定律

牛顿第一定律表述:任何物体都保持静止或匀速直线运

动状态,直至其他物体所作用的力迫使它改变这种状态为止。

任何物体具有保护静止或匀速直线运动的性质,称为惯性。因此,牛顿第一定律也称为定律。

毛 巾 表 面

棉 布 表 面

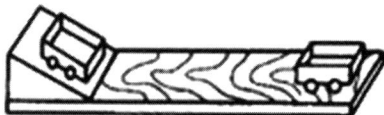

木 板 表 面

牛顿第一定律演示实验

这里提出了一个重要问题,静止或匀速直线运动是相对于哪个参考系而言的? 这个参考系是否像运动学中那样可以任意选取?

如果牛顿第一定律在某个参考系中适用,则这个参考系成立,简称惯性系。凡是对惯性系做匀速直线运动的参考系都是惯性系。

牛顿第二定律

牛顿第一定律阐明了受力物体相对于惯性系的运动状态将发生变化(产生加速度),由此指出力的含义。牛顿第二定律则进一步说明物体在外力作用下运动状态的变化情况,并给出力、质量(惯性的量度)和加速度三者之间的定量关系:F＝kma(式中比例系数 k 决定于力、质量和加速度的单位)。

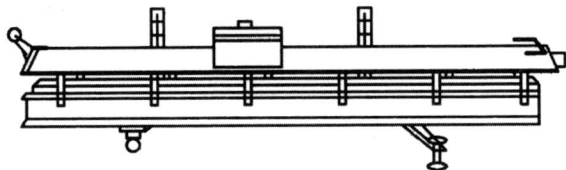

牛顿第二定律演示实验

可以简写为:F＝ma

这就是牛顿第二定律的数学表达式,它是矢量式。F 为合外力,合外力产生的加速度等于各分力产生的加速度的矢量和。F 与 a 的关系为瞬时关系。

根据自由落体运动的情形 a＝g 和牛顿第二定律的数学表达式,可给出质量为 m 的物体所受重力 W 为:W＝mg

当物体 A 以力 F_2 作用在物体 B 上时,物体 B 同时也以力 F_1 作用在物体 A 上,F_1 与 F_2 在一条直线上,大小相等而方向相反,即 $F_1 = -F_2$

Follow Me!

跟我来!

1687年,牛顿经过多年的潜心研究,终于出版了他的《自然哲学之数学原理》(以下简称《原理》),它标志着物理学的真正诞生。

《原理》是人类自然科学知识的首次大综合。在这里,牛顿把伽利略"地上的"物体运动规律,与开普勒"天上的"星球运动规律天才地统一起来,建立了牛顿力学(也称经典力学或古典力学)的完整理论体系。

牛顿抛弃了亚里士多德的天地截然不同的信条,澄清了自亚里士德以来一直含混不清的力和运动的观念,明确了时间、空间、质量,动量等基本的物理概念。

牛顿以运动三定律和万有引力定律为主线,以他发明的微积分为工具,巧妙地构造出他的力学体系。牛顿力学既成功地描述了天上行星、卫星、彗星的运动,又圆满地解释了地上潮汐和其他物体的运动。在牛顿之前,还没有一个关于物理因果性的完整体系能够表示经验世界的任何深刻特征。

牛顿力学的辉煌成就,使其得以决定后来物理学家的思想、研究和实践的方向。《原理》采用的是欧几里得几何学的表述方式,处理的是质点力学问题,以后牛顿力学被推广到流体和刚体,并逐渐发展成严密的解析形式。

1736年,写成了《力学》一书,把牛顿的质点力学推广到刚体的场合,引入了惯量的概念,论述了刚体运动的问题;1738年,伯努利出版了《流体力学》,解决了流体运动问题;进而于1743年出版了《力学研究》,把动力学问题化为静力学来处理,提出了所谓达朗贝尔原理;莫培督接着在1744年提出了最小作用原理。

把解析方法进一步贯彻到底的是1788年的《分析力学》和拉普拉斯的《天体力学》(1799～1825年完成)。前者虽说是一本力学书,可是没有画一张图,自始至终采用的都是纯粹的解析法,因而十分出名,运用广义坐标的拉格朗日方程就在其中。后者专门用牛顿力学处理天体问题,解决了各种各样的疑难。《分析力学》和《天体力学》可以说是经典力学的顶峰。

在分析力学方面做出杰出贡献的还有其他一批人,他们使经典力学在逻辑上和形式上更加令人满意。就这样,经过牛顿的精心构造和后人的着意雕饰,到了18世纪初期,经典力学这一宏伟建筑巍然矗立,无论外部造型之雅致,还是内藏珍品之精美,在当时的科学建筑群中都是无与伦比的。

经典力学理论体系的完美和实用威力的强大使物理学家深信，天地四方、古往今来发生的一切现象都能够用力学来描述。只要给出系统的初始条件，就能够毫无遗漏地把握它的因果性链条。

牛顿早在《原理》中就把宇宙看成是符合力学原理的机械图像。他在该书第一版的"序言"中写道，正如用万有引力推演出行星、彗星、月球和潮汐的运动一样，"我希望能够用同样的方法从力学原理推导出自然界的其他许多现象"。

另一位同时代的科学泰斗惠更斯在 1690 年说："在真正的哲学里，所有自然现象的原因都应该用力学用语来思考，依照我的意见，我们必须这样做。"

拉普拉斯在 1812 年所著的《概率解析理论》的绪论中，更是典型的道出了机械决定论的特征。他说："我们必须把目前的宇宙状态看作是它以前状态的结果及其以后发展的原因。如果有一种智慧能了解在一定时刻支配着自然界的所有的力，了解组成它的实体的各自的位置，如果它还伟大到足以分析所有这些事物，它就能够用一个单独的公式概括出宇宙万物的运动。从最大的天体到最小的原子都毫无例外，而且对于未来，就像对于过去那样，都能一目了然。"

经典力学的最终创立

物理学家由于确信这样的决定论,终于完全和上帝断绝了关系。据说,拉普拉斯把《天体力学》奉献给拿破仑皇帝时,拿破仑问道:"你为什么在书中不提上帝?"拉普拉斯自信地回答:"陛下,我不需要那种假设!"

就像给拉普拉斯的断言作证一样,经典力学的神奇力量通过海王星的发现戏剧性地表现出来。

1791 年后,随着对天王星观测资料的积累,人们发现它实际运行的轨道与理论计算的结果并不一致。即使考虑到其他行星的影响加以修正,也依然难以消除偏差。为此,巴黎天文台台长阿拉果启发年轻的天文学家勒维烈,让他依据"逆摄动"(即给出一个摄动,求引起摄动的行星)计算未知行星的大小和位置。

勒维烈经过一年时间的努力,终于在 1846 年 8 月 31 日把新行星的比置、光度等计算值送交给各国天文台。22 天后,柏林天文台的加勒在预言的区域内发现了这颗未知的新行星,它就是海王星。其实,早在勒维烈的前一年,年轻的英国天文学家亚当斯就计算出了结果,只是因为没有及时观测而失去了取得优先权的机会。

经典力学不可思议的成功使人们无条件地接受了这一理论,把它看作是科学解释的最高权威和最后标准。而且直到 19 世纪末,它一直充当着物理学家在各个领域中的研究纲领。人们普遍认为,经典力学是整个物理学的基础,只要把经典力学的基本概念和基本原理稍加扩充,就能够处理面临的一切物理现象。

情况正如赫尔姆霍兹 1847 年在《论力的守恒》中所说的:"我们最终发现,所有涉及的物理学问题都能归结为不变的引力和斥力,只要把自然现象简化为力,科学的使命就终结了。"他还宣称:"整个自然科学的最终目的溶化在力学之中。"当时,在物理学家中间,出现了"把一切都归结为机械运动的狂热"(恩格斯:

赫尔姆霍兹

《自然辩证法》)。

声学在早期几乎是独立地发展的。自牛顿以后,力学原理首先被顺利地应用于声学研究,声音被看成是在弹性介质中传播的机械振动。

经典力学的最终创立

热学是继经典力学之后发展起来的又一个成功的理论体系。热现象的研究起初是以"热质"这一力学模型为先导的。到了19世纪中叶,克劳修斯、麦克斯韦、玻耳兹曼等人利用统计方法,把热学中的宏观物理量归结为与之对应的微观分子或原子运动的统计平均值。就这样,热力学以及统计力学先后在经典力学的基础上形成了。

光学也是如此。牛顿本人一开始就试图把他的力学观念应用于光学,他假定光是由惯性微粒组成的,以此解释已知的光学现象。虽然牛顿以后的200年间一直交织着微粒说和波动说的斗争,但是在牛顿运动定律应用到连续分布的媒质以后,甚至连光的波动论也不得不求助于这些定律。

19世纪初,逐步发展起来的波动光学体系已初具规模,其中以托马斯·杨和菲涅耳的著作为代表。他们两人都把以太看作是传播光振动的实体。菲涅耳弄清楚光是横波,因此光以太必须具有传播横波媒质那样的弹性。从力学角度讨论这种弹性体的振动,必然能够用数学方法推导出光学定律。尽管以太在性质上还有不甚明确之处,但是它作为光现象的媒质,在相当长一段时间内并未引起根本的异议。

电磁现象的早期研究是在"电流体"和"磁流体"两种

力学模型的前提下进行的。电磁学从真正进入定量研究的第一天起就打上了力学的印记。

库仑1785年所做的著名的扭秤实验，虽然确定了电荷之间作用力与距离平方的反比关系，但他对自己的主张并未提出足够的证据，因为当时还没有电荷的量度，库仑定律本身就是对万有引力定律的类比。

后来，法拉第、麦克斯韦、赫兹在电磁学的发展史上谱写了动人的三部曲。1831年，法拉第发现了电磁感应定律，并首次把"场"这一崭新的概念引入物理学；1864年，麦克斯韦把法拉第等人的研究成果概括为一组优美的偏微分方程式，并由此预言存在着电磁波，其传播速度等于光速，而光不过是波长在某一狭小范围内的电磁波；1887年，赫兹用实验证实了电磁波，弄清楚电磁波和光波一样，也具有波动性。

已经十分习惯于力学模型的物理学家同样乞灵于臆想出的媒质电磁以太，认为它与光以太一样，弥漫于整个空间，电磁波正是通过以太的振动传播的。